やせない人がいないと話題のミア式

料理研究家がダイエット教室に通ってみたら、こんなにやせた！

監修 菅野観愛
料理 重信初江

朝日新聞出版

2ヵ月でやせる意識が変わる、ミア式ダイエット

肥満予防健康管理士　菅野観愛

はじめまして、菅野観愛です。年齢は50歳ですが体内年齢は20歳。出産後、体型に変化が出てきたことをきっかけに、健康や加齢、ダイエットについて勉強を始め、十数年前に「Slim Club ～スリムクラブ～」を立ち上げました。これまで3000名のダイエットに携わり、その方々のデータをもとに開発したオリジナルのメソッドが、このミア式ダイエットです。

ミア式は世間一般のダイエットの常識と違うところがありますが、それはちょっと横に置いておいていただき、まずはミア式で、一回徹底的にやってみてください。集中して2ヵ月だけ実践しましょう。やっていく中で自分のリズムをつかみつつ体の状態をみていけば、間違いなく体重と体調が変化していきます。大事なのは、あきらめないこと、素直になること。今まで実践した生徒さんの多くが2ヵ月でマイナス5～10kgの減量に成功しています。

ミア式ダイエットは、自分の生活習慣のクセを正確に知ることから始まります。そこからどう自分の意識を変えて「ダイエット脳」をつくるかが成功への鍵。そのためのトレーニングをお手伝いするのが私の役目。やせたらそれで終わりではなく、リバウンドしない体への改善がゴールです。

菅野観愛（かんの・みあ）

肥満予防健康管理士、アンチエイジングアドバイザー。少人数制ダイエット教室「Slim Club ～スリムクラブ～」を主宰。メンタル面をサポートしながら成功へと導く「ミア式ダイエット」が口コミで広がり、多くの人々から支持を得ている。

ついにミア式ダイエット、始めます

料理研究家　重信初江

いつからだったか、ショーウインドウに映る自分の姿が嫌いで、逃げるように早足で立ち去るようになりました。食べるのが大好き、とにかくおいしいものをお腹いっぱい食べて、夜はご飯もお酒も両方いけちゃう私。やめようと思いつつ、ここ2～3年で本当に太ったなーと泣きたいほど感じつつ……でも、料理業界ならではの豪快な飲食はやめていませんでした。

ダイエットしなければ！　とやっと思い立ち、やせるという漢方を飲んだり、体をローラーのようなものにかけてみたり、電気を流してみたり、お金もそこそこかかったけれど、でもほんの少ししかやせなかった。そしてすぐに元に戻ったのが半年前。

そんなとき、編集者さんに声をかけていただき、ミア式ダイエットのことを知りました。もう藁にもすがる思いで、やってみよう、どのくらい結果が出るかわからないけれど、自分に与えられたチャンスだと頑張ってみることに。

普段料理の仕事をしている私にどれだけ結果が出せるのか。すでにもう外食の予定も入ってしまっているけれど、大丈夫なのか。週に1回ちゃんと先生のところに通えるのか。不安だらけのままミア式ダイエット、スタートです。

重信初江（しげのぶ・はつえ）

料理研究家。昔ながらの家庭料理から海外を旅して覚えた料理まで、なんでもこなす実力派。雑誌、テレピなどでも活躍中。料理の試作や撮影、食べ歩きや仕事がらみの会食など、食べることと作ることに１日のほとんどの時間を費やす日々。

目次

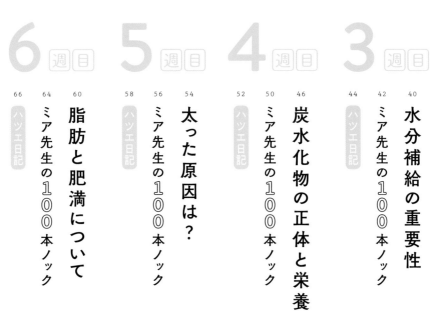

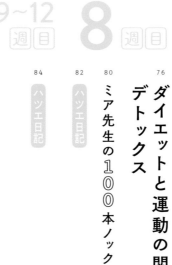

PART 2

ミア式ダイエットを成功させる おすすめ食材&料理編

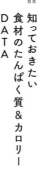

わたしの名前は重信初江
料理研究家です
最近気に入った服があっても
ム…
それワンサイズなんですよー
気に入っても体に入らない…
そんなとき編集者がやってきて
ハツエさんダイエット企画をやりませんか

ハツエのダイエット記
ミア式 マンガ：小波田えま
ダイエットの鬼 菅野観愛《ミア》
VS
料理研究家 重信初江
スリムクラブ
ではじめましょう
先週のレコーディングを出してください

ダイエットの手ほどきをしてくれるミア先生に
先週食べたものをもれなく申告
ゴゴ
ゴゴゴ
ゴゴ
ハツエさん
ちょいちょい出てくるこのお菓子というのは？

料理の撮影がありまして
そのときのスタッフのおみやげです
そんなの食べなければいいじゃないですか
まぁそうですね
そうなんですけど
その通りなんですけど
でもでもでもー
わかってない
料理業界というものをわかってらっしゃらない

料理業界の
ひとびと
その頭の中は
こんな感じ
コミュニケーションも
食べ物に
よって
行われる
お料理の
撮影なんて
何十品も作るため
現場は食べ物で
あふれているにも
かかわらず
(作ったものは
スタッフの
皆さんで
おいしく
いただきます)↓

ハツエ先生ー
これ 今 人気の… 予約してやっと 買えました
OISHII SWEETS++
あとで お茶 いれるね〜
ハツエちゃん
これ この前 取材に行った 農園のジュース 一本 2000円も するんだよ
コップ用意 して 人数分ね
ハイ
ハツエー あんた スナック菓子 好きでしょ
これ 限定 のよー
みんな 手みやげを 持ってきてくれる 食べられないなんて 言えるか〜〜ッ
コミュニケーション だし

料理研究家は
おつき合いも多い
ハツエ先生
ものすごく多い
取材もある
雑誌の企画
パスタ食べ歩き↓
これうちの看板なんです
よかったらこれも
撮影も
試食もある
そもそも
食べて
なんぼの
お仕事なんです

ミア先生の必殺技 言い訳つぶし
それでもできることはあるでしょう?
あ。。。
言い訳が昇天した…
わたしは料理研究家
無計画は失敗を計画しているのと一緒です
ドロ
いい習慣はすぐに崩れます
ドドロ
悪い習慣はカンタンにつきます
思いあたるフシが…
ドドドン…

ドドドドドド
お酒だ〜
ハツエの欲望→
ホホホホ
どこへ行くのかしら ハツエさんたち
ズゴスゴ
ミャー
そ

GET♡
・・・
またお酒を飲んでしまいましたか
…飲んじゃいましたね
いいワインが手に入ってつい…
まだあるんですが
そのワイン排水口に流しちゃいましょう
は？
お酒はみんな流しちゃいましょう
こればかりはムリ〜
でもだいぶがまんするようになった
ガジガジ

スーパーへ行く
以前はまんべんなく見て回ったもの
今は豆腐売場へ直行!!
うむ
SALE
SALE
トーフ
直帰
早い

食事は主に豆腐
今日も明日もあさっても
あきた
すばらしいです
ハツエさん!!
せめてなにか
食に工夫を…
とんでもな〜い
あきると
いっぱい食べられ
ないじゃないですか〜
工夫なんて
しなくて
いいんです
できるだけ
なにもしないで
豆腐だけ
カンペキ
です!!
なんかしたい
なんかしたいよ

カキ カキ
(毎週ダイエットのためのプランを書く)
行動計画プラン(願望実現計画)書
今日から実行する行動習慣
□20回かんで食べる
□人につられて食べない
おいしい?
どれどれ
□ガマンをおぼえる
□お酒を飲まない
〈将来の理想のイメージ〉
□Mサイズの服を着る!
□
□
あとはうーん…
それだけでいいや
水をたくさん飲む
げふ
階段を上る

人づき合い問題は・・・
宣言してしまえ
ダイエット中
ハツエちゃんおみやげ納豆にしたこれなら食べられるでしょ
夜
一日をふり返ってチェック
ギギギギ
できた できた できない できた
できない できない できない できない
できた できた できない できた
できた できない できた できない
あーピザが食べたい
おもいっきり生地がぶ厚いげっすいのが食べたーい

体重測定
ハツエさん やせて ますぅ〜
パチ パチ パチ パチ
やせて ますぅ〜
パチパチ パチパチ
ホッ
なんとか今週もやせてた

負けるが勝ち♡

PART 1

ミア式ダイエット脳をつくる

レッスン&実践編

ミア式ダイエットクラスは2ヵ月（8週間）でワンクール。
1週間に1回、計8回のレッスンが行われます。
PART 1では、そのレッスンの内容とダイエット脳のつくり方を
実際のテキストを交えながら紹介していきます。
体験者である重信初江さんの「ハツエ日記」付き。

ミア式ダイエットの掟

ミア式ダイエットを成功へ導く４つの掟。まずはこれらをしっかり守り、生活習慣として取り入れていきましょう。

- □食事を植物性たんぱく質にしぼる
- □水を1日3リットル以上飲む
- □体脂肪率25％をきるまで運動不要
- □全身を計測して記録＋食事をレコーディング＋計画＋振り返り

全身を計測して変化を記録

毎日

体重計で

- 体重
- 体脂肪率
- 内臓脂肪レベル
- 筋肉量
- 基礎代謝量
- 体内年齢

毎日同じ時間に同じ条件で体重計に乗って計測します。

週1回

メジャーで

- アンダーバスト
- ウエスト（へそまわり）
- ヒップ
- 太もも

週に1回メジャーで測ります。

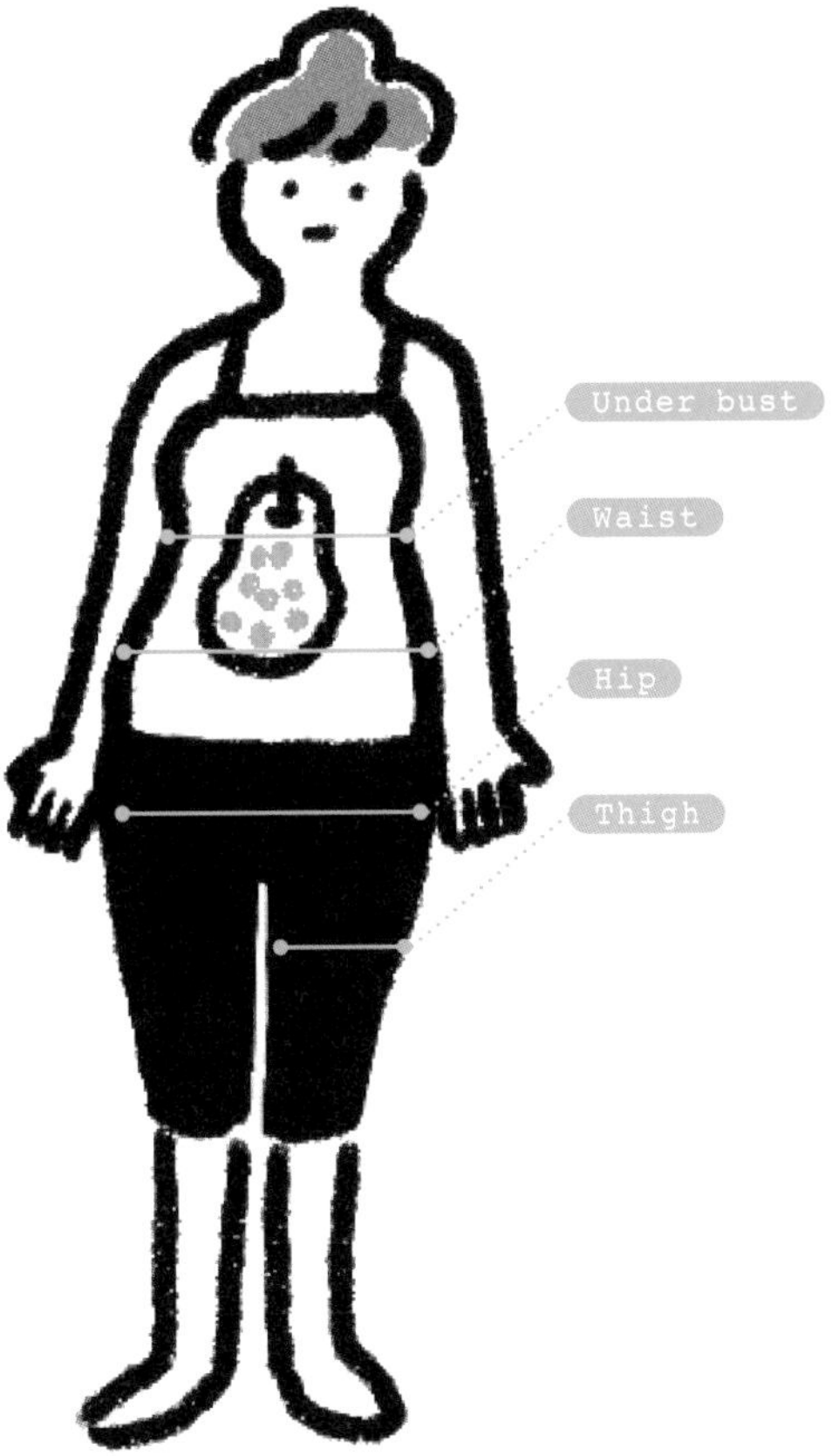

ウィークリーチェック表

名前　重信 和江
西暦 1968 年 10 月 24 日生 50 才
身長　160 cm

月日		体重	アンダーバスト	ウエスト	ヒップ	太もも	体脂肪	内臓脂肪	筋肉量	基礎代謝	体内年齢
3/7	1週目	71.00	85.5	97.0	101.8	58.5	40.7	10.5	39.55	1283	64
/14	2週目	70.40	85.0	96.0	99.8	58.4	39.9	10.5	39.75	1284	62
/22	3週目	70.15	85.5	95.5	99.4	57.6	39.0	9.5	40.20	1295	59
/28	4週目	69.70	84.0	95.7	100.0	57.8	38.8	9.5	40.10	1289	59
	1か月変化トータル	-1.30	-1.5	-1.3	-1.8	-0.7	-1.9	-1.0	+0.55	+6	-5
4/5	5週目	68.15	81.5	94.0	98.5	57.8	38.5	9.0	39.40	1263	58
/11	6週目	67.50	80.7	93.7	99.0	57.6	38.6	9.5	38.95	1249	59
/18	7週目	65.85	78.9	93.0	97.0	53.4	36.0	8.0	39.65	1258	52
/25	8週目	64.35	78.3	89.0	95.2	54.1	35.4	7.5	39.10	1236	51
	2か月変化トータル	-6.65	-7.2	-8.0	-6.6	-4.4	-5.3	-3.0	-0.45	-47	-13
5/9	9週目	63.85	78.4	87.9	95.0	53.7	32.4	6.5	40.60	1270	44
/16	10週目	62.75	77.5	87.9	94.4	53.5	32.3	6.5	39.90	1248	44
/23	11週目	61.95	77.0	87.4	93.5	53.4	30.7	6.0	40.30	1253	40
/30	12週目	60.85	77.0	85.0	93.0	53.0	30.8	6.0	39.80	1236	40
	3か月変化トータル	-10.15	-8.5	-12.0	-8.8	-5.5	-9.9	-4.5	+0.25	-47	-24

計測はダイエットを始めて、どのくらい減ったのか変化をみるために行います。最近の体重計はアプリと連動してデータが残るものも多いので記録しやすいですね。毎日朝起きて排尿後に体重計に乗り、前の日の行動と照らし合わせてみてください。また、週に1回は、メジャーで全身のサイズを測り、それと合わせて体重計の結果も紙に書き起こします。

食べたものをレコーディング

一日に何を食べたかを毎日記録（レコーディング）します。口に一口でも入れたものはすべて書き出します。書き方に決まりはなく自由ですが、後で見返してわかるように書いてください。写真を撮るのもおすすめです。ただ、書くという作業をないがしろにせず、決められたことをちゃんとやるようにしていくこともこのダイエットの訓練のひとつ。折って手帳に入れて食べた時にパパッと書いたり、付せんに書いておいてあとで書き写したりしましょう。一番やってほしくないことは、とりあえずスマホに保存しておけばいっか、と3日くらいためて書く、これはダメです。その日のうちに食べたものを書くことが大事です。実はダイエットには紙に書いて起こす作業が肝心です。すでに自分の口に入れたものを把握することが、次の食事の際の抑止力になります。食べたものを書き出すこと自体が面倒だから食べるのをやめよう、なんて思えたりするので、書くこと前提で口に入れる。ガムひとつ、飴玉ひとつもすべて書くということを徹底します。また、結果に対して原因追究ができるように書くこと。何が原因で体重が増えたか、減っている時の食べている内容が何かをしっかり感じていけるようになります。水分に関しては正の字で書くのでも、あとで何リットルか書くのでもＯＫです。左のような表でも、ノートを用意しても構いません。

食事の記録 -1週間 Food Log 氏名（重信 初江） 第3週目							
あなたが食べたものを書きだしましょう。							
		主食	副菜	主菜	果物	乳製品	水分
月曜	朝	バナナみかん					500cc
	昼	わさび料理あれこれ（わさび肉炒め・ごはん・刺身・パスタ・サラダ あえもの） バナナ みかん					500cc
	夜	ひややっこ 山菜の天ぷら さしみ とりと玉ねぎ炒め ハイボール3杯					1ℓ
	間食	—					
火曜	朝	牛肉1口 バナナ みかん					250cc
	昼	納豆、鮪、サーモン、アボカド					500cc
	夜	納豆 のり、とろろ、まぐろ3切れ					1ℓ
	間食	白いちぢく1コ					
水曜	朝	バナナ、みかん1/2コ					250cc
	昼	いちご3つぶ、トマト料理あれこれ					500cc
	夜	とうふとえびのスープ、納豆、のり、くるみ					500cc
	間食	—					
木曜	朝	バナナ1本、豆乳1杯、オレンジ1/2コ					1ℓ
	昼	おから1パイ、キューリ牛いため 牛サラダ、牛とトマトの重ねむし					1.5ℓ
	夜	おから、もめん豆腐しらすのっけ、ナッツ5つぶ、煮干し、ワイン1杯 のり1枚					1ℓ
	間食	ドライアンズ1コ					
金曜	朝	キウイ1コ					500cc
	昼	夏やさいの料理あれこれ、具なしみそ汁					500cc
	夜	おから、とうふ、ナッツ5つぶ、のり3枚、納豆					1ℓ
	間食	—					
土曜	朝	はるみ1コ					1ℓ
	昼	おから煮、しらすとうふ、納豆					1ℓ
	夜	とうふ2口、納豆、あぶらあげ煮、ナッツ、大豆（ゆで・ドライ） のり2枚					1ℓ
	間食	リンゴ1/2コ					
日曜	朝	はるみ1コ、バナナ1本					500cc
	昼	納豆2パック、さば水煮、あぶらあげ1/2枚、いちご3コ					1ℓ
	夜	もんじゃ3種、チーズサラミ、ひややっこ、マッシュルーム、にしん、豚足、ワイン4杯					1ℓ
	間食	リンゴ1/4コ					

ハツエさんのレコーディング

1週間の食事を記録します。ミア式ダイエットで摂るべき食べ物に○、避けるべき食べ物があったら×をつけて意識付けを行います。

行動計画プランと行動習慣

　行動計画と行動習慣のプランを立てましょう。やせることを目標にするのではなく、どんな人生を送りたいかをしっかり考えてイメージすることが大切です。ダイエットはライフスタイルそのものです。なりたい自分になるために、また人生をもっと豊かにするためにじっくりと自分と向き合って考えてみましょう。なりたい自分が見えたら、そのために何をすべきか、実現するために足かせになっていることは何かなどを意識してください。そして、いつまでにどうなっていたいか、具体的に期日を設けて、そこに向けて行動していくことをこの表を作りながら決めていきます。「ここで決めたことをやりぬく」という感じです。表を完成させたら、淡々と決めたことを継続するだけ。強いメンタルなど必要ありません。ただ、「淡々と」です。

　大前提として、何事もあきらめないことです。できないことなんてありません。年齢を言い訳にしたり、環境を言い訳に逃げてきた結果が、今の体を作っています。お腹が空いたら夜遅くても無意識に食事をしたり、コンビニで無意識にスイーツを買っている……そんな行動の積み重ねがあなたを太らせてしまったのです。その無意識の行動をリセットして成功体験を積み重ねることがダイエット成功の近道です。大事なのは自分の理想のイメージを膨らませていくこと、願望実現です。やせた自分になったらどんな風に生きていこうかな？と夢を膨らませてみてください。

① 将来の理想のイメージ（人生ビジョン）

やせることが目的ではなく、あなたがどうなりたいかが大事です。ダイエットの「やせる」を追いかけるのではなく、やせた先の自分を常にイメージするほうが実はやせやすいのです。自分がやせたらこんな風に人生を変えていきたい、という強い内発的動機付けがダイエットには必要です。自分の生き方としての人生ビジョンをここで確立しましょう。現時点でのビジョンでOKです。やせたあと、自分はこんな風になっている、というイメージを強く思い描いてみてください。

② 大切にしている価値観・信条 or行動の基準

あなたには大切にしている価値観、信条、行動の基準が必ずあるはずです。今現在、何に価値観を置いて行動しているかという視点です。ここが実は太らせた原因のひとつであったりもします。例えば、相手に気を遣うばかりに、他人の要求に流されるというのが価値観になっている人もいるでしょうし、仕事ならばなんでも飲み込む、という価値観の人もいるでしょう。そういったところを探っていくと、必ず自分を太らせた要因が隠れています。

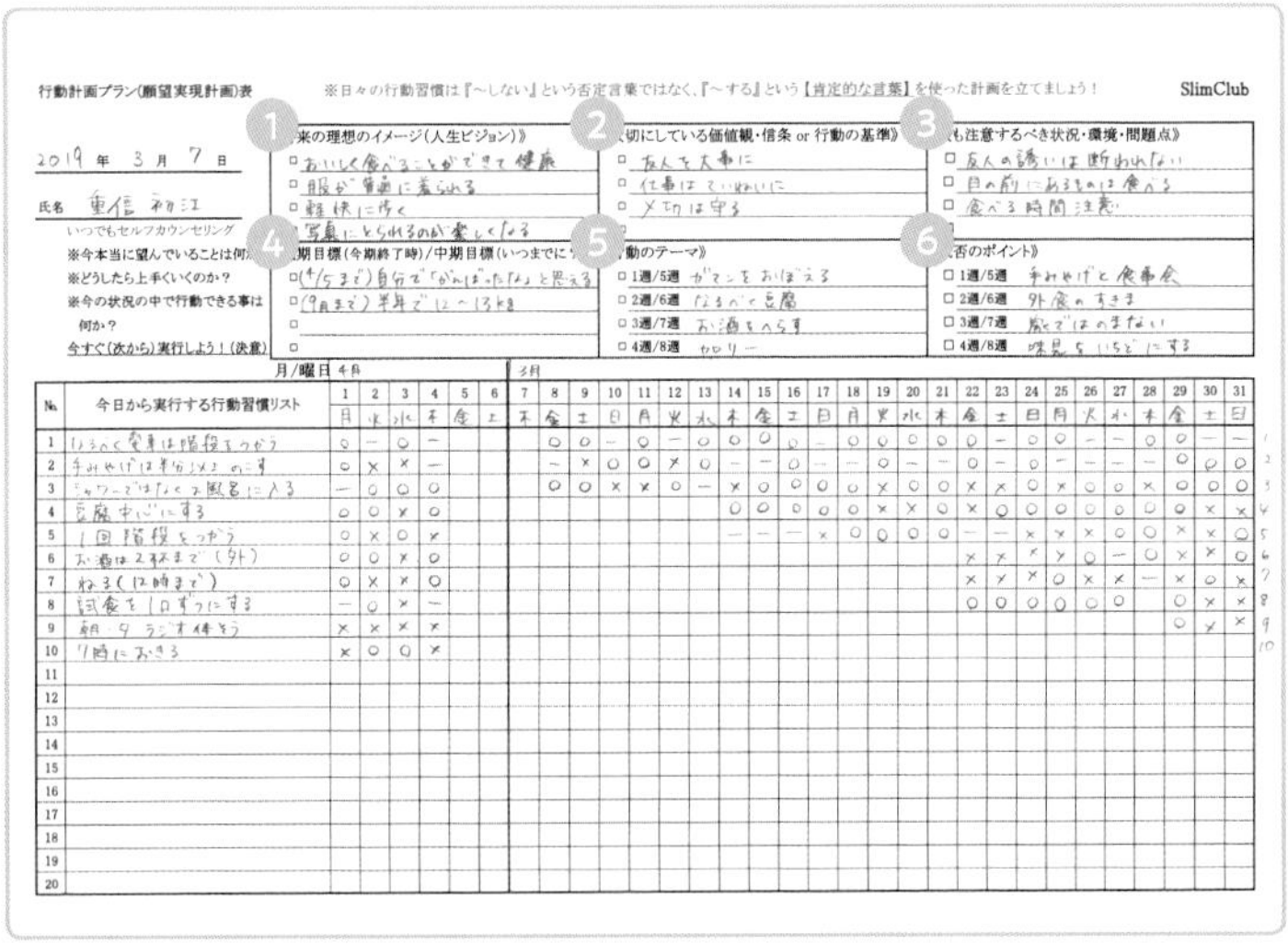

行動計画プラン(願望実現計画)表　※日々の行動習慣は『～しない』という否定言葉ではなく、『～する』という【肯定的な言葉】を使った計画を立てましょう！　SlimClub

2019年 3月 7日
氏名 重信 初江
いつでもセルフカウンセリング
※今本当に望んでいることは何
※どうしたら上手くいくのか？
※今の状況の中で行動できる事は何か？
今すぐ(次から)実行しよう！(決意)

① 来の理想のイメージ(人生ビジョン)》
- おいしく食べることができて健康
- 服が普通に着られる
- 軽快に歩く
- 写真にとられるのが楽しくなる

② 切にしている価値観・信条 or 行動の基準》
- 友人を大事に
- 仕事はていねいに
- 〆切は守る

③ も注意するべき状況・環境・問題点》
- 友人の誘いは断われない
- 目の前にあるものは食べる
- 食べる時間注意

④ 期目標(今期終了時)/中期目標(いつまでに
- (4/5まで)自分で「がんばったな」と思える
- (9月まで)半年で12～13kg

⑤ 動のテーマ》
- 1週/5週 ガマンをおぼえる
- 2週/6週 なるべく豆腐
- 3週/7週 お酒をへらす
- 4週/8週 カロリー

⑥ 否のポイント》
- 1週/5週 手みやげと食事会
- 2週/6週 外食のすきま
- 3週/7週 家ではのまない
- 4週/8週 味見をいちどにする

月/曜日　4月　3月

№	今日から実行する行動習慣リスト	1	2	3	4	5	6	7	8	9	10	11	12	13	14	15	16	17	18	19	20	21	22	23	24	25	26	27	28	29	30	31	
		月	火	水	木	金	土	木	金	土	日	月	火	水	木	金	土	日	月	火	水	木	金	土	日	月	火	水	木	金	土	日	
1	なるべく電車は階段をつかう	○	—	○	—				○	○	—	○	—	○	○	○	○	—	○	○	○	○	○	—	○	○	—	—	○	○	—	—	1
2	手みやげは半分以上のこす	○	×	×	—				—	×	○	○	×	○	—	—	○	—	—	○	—	—	○	—	○	—	—	—	—	○	○	○	2
3	シャワーではなくお風呂に入る	—	○	○	○				○	○	×	×	○	—	×	○	○	○	○	×	○	○	×	×	○	×	○	○	×	○	○	○	3
4	豆腐中心にする	○	○	×	○										○	○	○	○	○	×	×	○	×	○	○	○	○	○	○	○	×	×	4
5	1回階段をつかう	○	×	○	×										—	—	—	×	○	○	○	○	—	—	×	×	×	○	○	×	×	○	5
6	お酒は2杯まで（外）	○	○	×	○																		×	×	×	×	○	—	○	×	×	○	6
7	ねる（12時まで）	○	×	×	○																		×	×	×	○	×	×	—	×	○	×	7
8	試食を1口ずつにする	—	○	×	—																		○	○	○	○	○	○		○	×	×	8
9	朝・夕ラジオ体そう	×	×	×	×																									○	×	×	9
10	7時におきる	×	○	○	×																												10
11																																	
12																																	
13																																	
14																																	
15																																	
16																																	
17																																	
18																																	
19																																	
20																																	

③ 注意するべき状況・環境・問題点

ダイエットをする上で、最も注意するべき状況と環境と問題点、今の時点で明らかになっているところがあればそれに対する対処法をで身につけていくことが重要です。

⑤ 行動のテーマ

これから1週間、何をテーマに行動していこうかな、と考えてほしいのです。自分の1週間にテロップをつけるとしたら？……みたいな感覚です。こんな1週間にしようかな、というイメージをもって記入してください。

④ 短期目標・中期目標

短期目標は、2カ月後の時点で自分がどうなっているかを、まず決めてしまいます。「こんな風になりたいなぁ」という思いではなく、「こうなる！」と決めることが肝心です。決めたことを達成していくようなイメージです。中期目標は半年～1年後くらいのイメージで、いつまでにどうなりたいかを明確に決めましょう。

⑥ 成否のポイント

掲げたテーマに対して、何が足かせになるかを考えてください。「ここをクリアすれば1週間たった時には私はこんな風に変わっている」ということをイメージして書きましょう。

※日々の行動習慣は『～しない』という否定言葉ではなく、
『～する』という**【肯定的な言葉】**を使った計画を立てましょう！

SlimClub

《大切にしている価値観・信条 or 行動の基準》
- □ 友人を大事に
- □ 仕事はていねいに
- □ 〆切は守る
- □

《最も注意するべき状況・環境・問題点》
- □ 友人の誘いは断われない
- □ 目の前にあるものは食べる
- □ 食べる時間注意
- □

《行動のテーマ》
- □ 1週/5週 ガマンをおぼえる
- □ 2週/6週 なるべく豆腐
- □ 3週/7週 お酒をへらす
- □ 4週/8週 カロリー

《成否のポイント》
- □ 1週/5週 手みやげと食事会
- □ 2週/6週 外食のすきま
- □ 3週/7週 家ではのまない
- □ 4週/8週 味見をいちどにする

10	11	12	13	14	15	16	17	18	19	20	21	22	23	24	25	26	27	28	29	30	31	
日	月	火	水	木	金	土	日	月	火	水	木	金	土	日	月	火	水	木	金	土	日	
ー	○	ー	○	○	○	○	ー	○	○	○	○	○	ー	○	○	ー	ー	○	○	ー	ー	1
○	○	×	○	ー	ー	○	ー	ー	○	ー	ー	○	ー	○	ー	ー	ー	ー	○	○	○	2
×	×	○	ー	×	○	○	○	○	×	○	○	×	×	○	×	○	○	×	○	○	○	3
				○	○	○	○	○	×	×	○	×	○	○	○	○	○	○	○	×	×	4
				ー	ー	ー	×	○	○	○	○	ー	ー	×	×	×	○	○	×	×	○	5
												×	×	×	×	○	ー	○	×	×	○	6
												×	×	×	○	×	×	ー	×	○	×	7
												○	○	○	○	○	○		○	×	×	8
																			○	×	×	9
																						10

行動習慣リストは「～しない」という否定的な言葉ではなく、必ず「～をする」という肯定的な言葉にして書いていきます。例えば、「×間食しない→○間食したくなったら歯を磨く」というように、食べるという行動を違う行動に変えます。食べたいと思った時に食べてしまうのが太る行動なのに対して、食べたいと思った時にすぐ「食べる」にいかないような行動を考えて、行動で習慣を変えていきます。ここに書いたことは、足したり消したり、どんどん変えていって構いません。常にアップデートして、自分の変化を感じながら取り組みましょう。

ハツエさんの行動計画プラン

行動習慣リストは毎日振り返って〇×を記入します

行動計画プラン(願望実現計画)表

2019 年 3 月 7 日

氏名 重信 初江

いつでもセルフカウンセリング

※今本当に望んでいることは何か？

※どうしたら上手くいくのか？

※今の状況の中で行動できる事は何か？

今すぐ(次から)実行しよう！(決意)

《将来の理想のイメージ(人生ビジョン)》

- □ おいしく食べることができて健康
- □ 服が普通に着られる
- □ 軽快に歩く
- □ 写真にとられるのが楽しくなる

《短期目標(今期終了時)/中期目標(いつまでに？)》

- □（4/5まで）自分で「がんばったな」と思える
- □（9月まで）半年で12～13kg
- □
- □

	月/曜日	4月						3月		
No.	今日から実行する行動習慣リスト	1	2	3	4	5	6	7	8	9
		月	火	水	木	金	土	木	金	土
1	なるべく電車は階段をつかう	○	ー	○	ー				○	○
2	手みやげは半分以上 のこす	○	×	×	ー				ー	×
3	シャワーではなくお風呂に入る	ー	○	○	○				○	○
4	豆腐中心にする	○	○	×	○					
5	1回階段をつかう	○	×	○	×					
6	お酒は2杯まで（外）	○	○	×	○					
7	ねる（12時まで）	○	×	×	○					
8	試食を1口ずつにする	ー	○	×	ー					
9	朝・夕 ラジオ体そう	×	×	×	×					
10	7時におきる	×	○	○	×					
11										
12										
13										
14										
15										
16										
17										
18										
19										
20										

今週から実行する行動習慣

□駅では階段を使う

□手みやげは半分以上残す

□シャワーではなく
お風呂に入る

1日目

今日初めてミア先生のところへ。それまでにたらふく食ってやろうと昨日食べ過ぎてお腹をこわした。お話を聞いたけれど、まだ具体的に「○○を食べてください」「△△はダメです」的なものがなかった。なんだ〜、一昨日ウワサで聞いていた豆腐生活が始まるかと思って買っておいた豆腐と、冷蔵庫にあったがんもどきと芽キャベツを煮て、夜ごはん。さらにテーブルの片隅にあったせんべいを半分食べる。

2日目

今日は、とあるイベントで大量のお弁当を作る役目があり、朝5時に起きて一心不乱に作ったため朝は味見のみ、昼は何も口にできず、出していただいたケーキを食べた。しかしまったく満たされず、渋谷駅で豆乳入りの今川焼きを食べる。夜は3ヶ月も前からお誘いいただいていたおすし屋さんへ。なるべく少なめにと心がけるも、ご馳走がどんどん運ばれてくる。少食を貫くのは難しい。

3日目

昨日の疲れで今日は一日家にいて、片づけやメニュー案を考えるひきこもり状態。朝は昨日いただいたクッキーとこの時期おいしいはるみみかんを一つ。昼は昨日のお弁当の残り。夜は、まだ謎だけれどせめて炭水化物は抜こうと。が、猛烈な食欲が襲ってきたので牛肉を焼く。何が大変って、夜にせんべいやスナック菓子をつままず、ご飯やパンを食べないこと。私にとって奇跡に近い。

4日目　今日は前々から決まっていた夜飲みの約束があるので、昼はなるべく軽めにしようと、お気に入りのさばサンドイッチを出す店へ。量が少ないので罪悪感がない。いつもの私なら四つはいける。夜は居酒屋の名店へ。もう仕方ないのでハムカツやらえびフライ、ハンバーグ、刺し身などなど……。ご飯と揚げものは少なめに食べた。本当です。

5日目　夜ごはんにかれいの煮つけを作った。友人も来たので、追加で牛肉とパプリカの炒めもの、副菜もいくつか作ったけれど、炒めものは友人がほぼ完食。まあいいか、牛肉は脂が多めだったし。かれいはうまく煮えた！　でも、熱々のご飯がないので、どうも盛り上がらない。あったかい白飯が食べたいなあ。

6日目　常備している南高梅のセミドライフルーツ、やわらか煮干し。合成保存料や着色料不使用だし、ダイエット中でもいいんじゃないかと追加で購入。晩ごはんは、自分で1カ月前に漬けたキムチと、母からもらって冷凍しておいたいわしのすり身、舞たけなどを入れてキムチ鍋。鍋ものはただ煮るだけだからカロリーも低めだしダイエットにはいいんだよな。これから夏に向かっていくけれど土鍋はすぐ出せるようにしておこう。

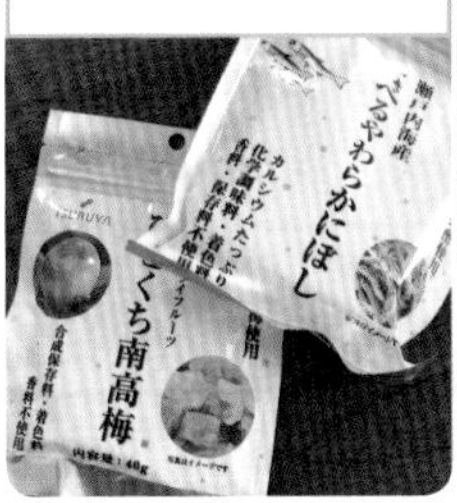

7日目　今夜は麻布の中国料理店で会食。残せるものは残そうとドギーバッグ用パックを持参してみたが、どれもポーションが小さいので残しようがないし、気のおけないメンバーというわけではなかったのでますますその場でパックに入れるなんてことはできない。ミア先生は「残すという行為はダイエット中は仕方ないこと」と。もちろん残さないとやせないのはわかっている。でも残すとシェフに失礼だと思ってしまう。……明日以降は食べる量に気をつけよう。

太る原因とたんぱく質の重要性

2週目

筋肉に必要なたんぱく質まで制限してしまうのは、間違ったダイエット。筋肉を残して脂肪を落とすダイエットの基本を理解しましょう。

太る・やせるの方程式

脂肪は1ｇ9kcalです。脂肪細胞の80％は脂質ですが、20％は水分等なので、脂肪1kgを消費するのに必要なカロリーは、9kcal×1000ｇ×80％＝7200kcalとなります。

太る
摂取カロリー＞消費カロリー
7200kcal オーバー ＝ 脂肪 1kg 増

痩せる
摂取カロリー＜消費カロリー
7200kcal カット ＝ 脂肪 1kg 減

太る原因

① 生活習慣の乱れ

オーバーカロリー、運動不足、間違ったダイエットの繰り返し、睡眠不足（夜更かし）、喫煙、過度な飲食の日常化など。

② 環境因子

細胞の炎症を促進するストレス、農薬、合成添加物、紫外線、排気ガスなど。

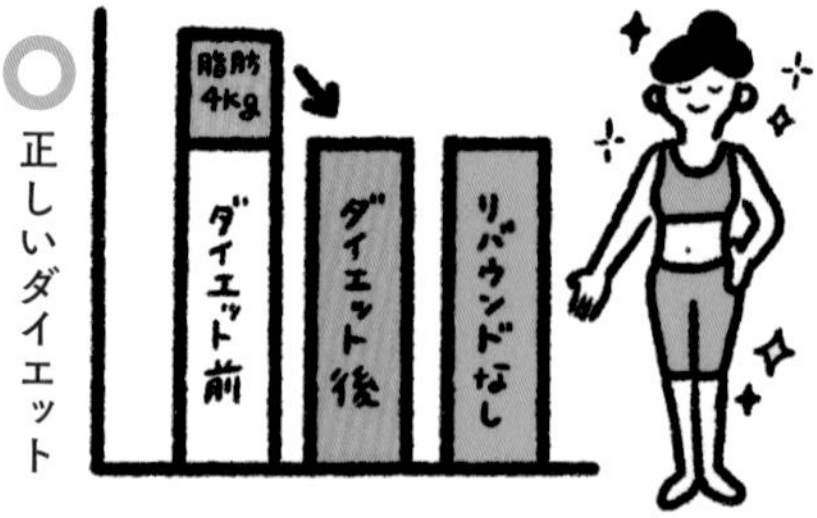

脂肪だけで体重が減り、体脂肪率が下がったので、筋肉や基礎代謝も減らず、リバウンドの心配なし！

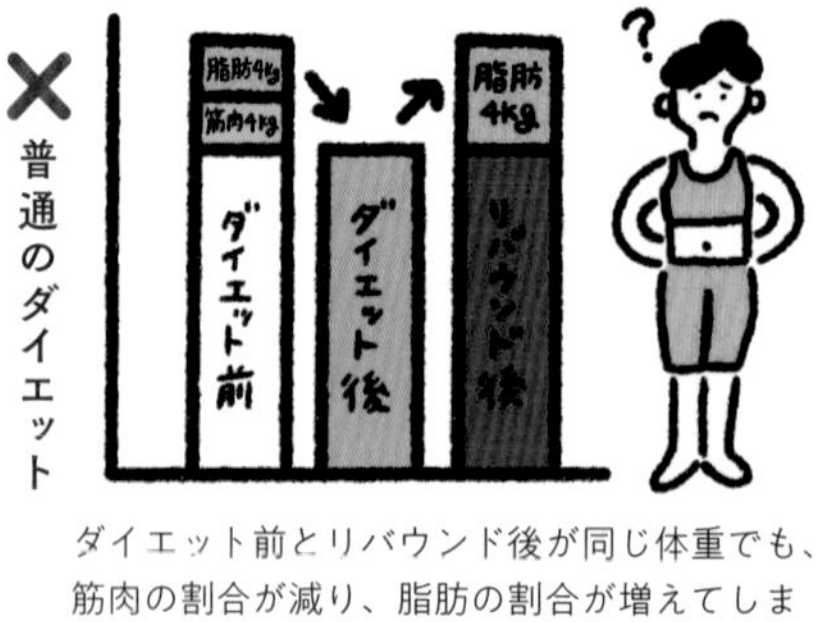

ダイエット前とリバウンド後が同じ体重でも、筋肉の割合が減り、脂肪の割合が増えてしまったので、肥満度はアップ

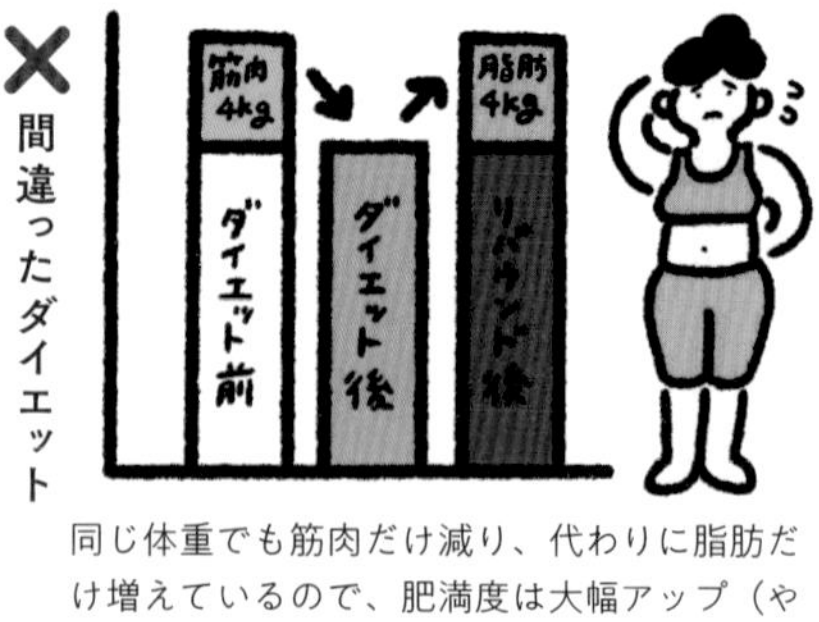

同じ体重でも筋肉だけ減り、代わりに脂肪だけ増えているので、肥満度は大幅アップ（やせにくく太りやすい体に）

たんぱく質を食生活に積極的に取り入れる利点

- 肌や髪の毛の状態がよくなる≫美容やアンチエイジングにも効果大。
- 筋肉を作る材料となり、筋肉維持＆増加に役立つ≫基礎代謝が上がるので太りにくく、やせやすくなる。
- たんぱく質が吸収されると、交感神経が刺激され、脳が満足する≫無駄な空腹感と闘わなくて済む。

動物性たんぱく質より、植物性たんぱく質が◎

動物性たんぱく質

動物性脂肪を同時に摂取するのでカロリーが高くなり、太りやすい。植物性に比べて必須アミノ酸の含有量が多い点などがメリット。

植物性たんぱく質

カロリーが低いのに効率よくたんぱく質を摂取できる。特に大豆たんぱくは栄養が豊富で、健康増進やダイエット促進に優れているため世界的に注目されている。

日常の食事の食材に含まれるたんぱく質量とエネルギー量の目安

動物性たんぱく質

肉・卵・乳製品

- 牛もも肉100g　19.5g　209kcal
- 豚ロース（1枚）80g　15.4g　210kcal
- 豚もも肉100g　20.5g　183kcal
- 鶏むね肉（皮なし）100g　24.4g　121kcal
- 卵（1個）60g　7.4g　91kcal
- 牛乳200mℓ　6.6g　134kcal
- プロセスチーズ（1枚）18g　4.1g　61kcal

魚介類

- 鯛切り身100g　20.9g　177kcal
- 生鮭（紅鮭）切り身80g　18.0g　110kcal
- さんま中1尾100g　18.1g　318kcal
- さば切り身100g　20.6g　247kcal
- まぐろ（赤身）刺し身（5切れ）50g　13.2g　62.5kcal
- エビ（5尾）55g　10.3g　46kcal

ミア式ではOK! ○

植物性たんぱく質

- 木綿豆腐150g　10.5g　120kcal
- 納豆40g　6.6g　80kcal
- 豆乳（無調整）200mℓ　7.2g　92kcal

ミア先生の100本ノック

たんぱく質で空腹感はなくなる

たんぱく質は皮膚、骨、筋肉、髪の毛など体を構成する主成分。良質なたんぱく質を摂れば肌のツヤや髪の毛のコシも生まれ、美容やアンチエイジングに大変役立ちます。また、酵素・神経伝達物質といわれるものもたんぱく質でできています。たんぱく質を食べることで交感神経が刺激され、「これ以上食べる必要なし」と脳へ信号が送られるため、空腹を感じにくくなります。

植物たんぱくの魅力はダイエットにとどまらない

植物性たんぱく質は低カロリーで筋肉をつける材料として効率がいいんです。特に大豆たんぱくは血中コレステロールや中性脂肪を減らし、心臓病や更年期障害の予防もしてくれます。そして何よりも体脂肪の燃焼に効果があります。

肉を食べると体が大きくなる

肉より魚、魚より豆のほうが低カロリーでたんぱく質を多く摂ることができます。肉や魚に比べ、脂肪分がないのも豆の魅力です。例えば肉を食べると、動物性たんぱく質と動物性の脂肪で、体内で燃やすのにとても時間がかかってしまいます。その分体に負荷がかかり、体脂肪が多いままの体では、どんどん大きくなってしまうのです。

ハーブティーは○、緑茶や紅茶、中国茶、コーヒーは×

水分をとるときは水、炭酸水、白湯、お茶はハーブティーならＯＫ。特に人の体温に近く吸収しやすい白湯をおすすめしています。ノンカロリーのイメージがある緑茶や紅茶、コーヒーは、カフェインが含まれていて、とり続けると逆に水分不足になる可能性があるため、水分には数えません。もし飲んだ場合は、飲んだ量の2倍の水をとってください。この水分はカフェインを打ち消すために飲むものなので、取り入れた水分量には数えません。特にお茶類は農薬がたくさん使われていることが多いため、体脂肪の多い体では排出が難しく、ダイエット中はＮＧです。

水はダンベル代わりに持ち歩く

このダイエットでは、毎日水を3ℓ目標にとってもらいます。水はコンビニや自販機、どこでも買えるので常に携帯しておくといいですね。一番いいのは、外出するときは水を持って出ること。重いものですが、筋トレだと思って持ち歩きましょう。1ℓ（500mℓだったら2本）あると安心です。持ち歩いていると重いから、早く飲もうと思いますよね。結果、たくさん水分をとることにつながります。

もう胃袋広げない！

周りの人とは食べるタイミングをずらす

会社の飲み会や、友人たちとのディナーなど、誰かと一緒にごはんを食べるときは要注意。周りの食べる速度につられていつも以上に食べてしまう可能性があります。そんなときは、食べるタイミングを少しずつずらすのがおすすめ。例えばみんなが２口食べてから、自分は１口目を食べる。こうしてちょっとずつずらしてゆっくり食べます。たくさん噛むのもいいですね。消化が早くなって食べる量も減らせます。

胃を小さくすることに集中する

食べる量が少なくなると、胃が小さくなってくるのを実感できると思います。でも、簡単に元のサイズに戻ってしまいます。ストッキングは足を入れて脱いだらすぐ伸びちゃいますよね。それと同じこと。だから油断せず、胃を小さくすることに集中しましょう。

食べてしまった！と後悔するより「ひと休み」

ついついご飯やお肉、ケーキなど、糖質や植物性たんぱく質以外のものをとってしまったとき、「あー食べちゃったぁ…」なんて後悔するより、次の食事で調整しましょう。小さい豆腐１丁にしたり、豆乳だけにしたり。食べ過ぎてしまった分の消化・吸収に忙しい体のために、ひと休みの時間を作ってあげるんです。ひと休みして体も心もリセットしたら、また頑張りましょう。

豆乳ヨーグルトをうまく取り入れて

豆乳ヨーグルトをフルーツにかけて食べると、量が少なくてもたくさん食べたように感じます。オレンジだと半分、バナナは１本も食べられなかったりします。満足感を得られるだけでなく、乳酸菌も摂れて腸の中をキレイにしてくれますよ。豆乳ヨーグルトは種菌があれば家でも簡単に作れます。

夜は12時までに布団に入る

深夜０時を過ぎて起きていると、体の中に太るホルモンが増殖していきます。このホルモンは、日中どれだけ頑張ってダイエットしていてもそれを打ち消してしまうんです。体脂肪を燃やすためにも、遅い時間帯はとにかく布団に入って寝ていること。朝方生活にシフトできたらベストです。

はちみつやフルーツはOK！ただし、午後４時まで

はちみつは血糖値が上がりやすい食べ物ですが、たくさんとれるものではありませんし、食欲を刺激しにくいのでＯＫです。果物は果糖が含まれていますが抗酸化という意味で食べてもＯＫ。少しの量でも甘い物の代わりになり満足感を得られる、ダイエットの救世主です。出先でどうしても甘いものを食べたくなった時は、ドライフルーツをほんの少し食べるのもいいですね。どちらにしろ、午後４時までに食べるようにしましょう。

今週から実行する行動習慣

□豆腐中心の食事にする

□1日に1回は階段を使う

1日目 ミア先生のところで測定。なんとか体重は減っていた。そしてとうとう食べていいもの、いけないものを言われてしまった。しかもその数時間後、先日酔っている時に言われてすっかり忘れていた、水天宮にある中華料理屋さんの新作の試食を頼まれていたという日でした。今週中華三昧だっつーの。結局試食は7~8皿に及び、ええ、もうやけくそです。どうなる！私。

2日目 朝起きて果物と豆腐しか基本的に食べられない現実をじわじわと噛みしめる。昼は豆腐そうめん風＋黒豆納豆、しらすおろし。夜は白金の中華料理店に行く約束。ミア先生には「残すこと、できるでしょう」と言われるかもしれないけれど、今日は無理~。どっぷりと発酵の素晴らしい中華の世界にはまるしかない。店主の雲南への想いや発酵の楽しさを、たっぷりと語ってもらって充実の夜だった。

3日目 土曜日なのに撮影。試食の時間はご飯を抜き、豆腐のおかず中心でなんとか乗り切った。夜は近所の焼き肉屋へ。このお店が今月末で閉店すると聞いてどんなにショックだったか。子どもの頃から地元に普通にあって何も永遠に変わらないと思っていた。でも永遠なんてないのだ。信じられないまま、食べますよ、塩タン、ロース、ハラミ、カルビ。嗚呼、この舌に思い出がずっと刻まれますように。

4日目

今日はずっと家でデスクワークだった。昨日の撮影で冷蔵庫に何か残しておけばよかったのに、何もなかった。でもスーパーに行く暇があったらギリギリまで仕事したい。ということで夜は居酒屋に直行。ワインバーはダメだけれど、和風の居酒屋ならダイエッ中でも食べていいものがたくさんある。これはありがたい。家にいると豆腐だけになりがちなのでバラエティが広がる。

5日目

明日から仕事でまた炭水化物をとるので、今日は比較的真面目に朝は果物、昼はほとんど豆腐、夜はおからにあさり缶を加えて煮てみました。あとは大豆をつぶして焼いて照り焼き風に。肉よりも野菜が食べられないのが辛い。冷蔵庫に野菜が結構残っていて、アシスタントにあげたりしたけれど、まだあるので心が痛む。漬け物にしてもいつ食べられるかわからないしなぁ。

6日目

今日はなんとお寿司の撮影、しかもものすごい数だった。なるべく米粒を少なめに、魚介類を中心にと心がけたけどー。夜はこれまた曙橋の中華料理店に行くというどうしようもない、逃れられない魅惑の、誘惑のスケジュール。……まーいいや、もう食べましたよ。すいません残せません。辛うじて自分の取り皿には少なめによそいましたよ。

7日目

試練は続く。今日はロケハンで鎌倉、しかもパスタ。隙を見てパックに詰めて持ち帰ろうとしたけれど、そんな感じの店じゃなかった。店主の目配りが行き届いたおいしい店。地物のいかやたこをすっかり満喫してしまった。せめてもの罪滅ぼしは帰宅後の夜のごはん、納豆とのり。いやーやっぱり難しい1週間だったなぁ。明日1日はおとなしくして、明後日どのくらい結果が出るかだな。

水分補給の重要性

3週目

十分に水分をとって、体の中の流れをスムーズにしましょう。水をたくさん飲んでいると肌も潤い、ダイエットにも効果的です。

体温調節

水分は熱を持ったまま温度を安定させる性質がある

＝

気温の変化に対応できる

体温を35〜37℃に保てるのは体内の水分のおかげ

アンチエイジング

人間は加齢とともに、体の水分含有量が減少

乳幼児 **70**％以上　成人約 **60**％　70代 **53**％

- 体液や血液などの水分量は年をとっても同じだが、細胞内の水分量が減少。
- 水分が不足すると、リンパの流れが悪くなり、むくみ、セルライト、肩こり、冷え性の原因になる。

デトックス：体内の毒素を洗い流す

健康な成人の1日の排尿量は平均 **1500**㎖

水分補給が少ないと大幅に排尿量が減少

- 体内に老廃物が蓄積»排尿が滞ると老廃物がたまった汚れた水になる。
- 便秘の原因は水分不足»便秘が慢性化すると便を出す腐敗ガスが血管に入り血液を汚す。

ダイエット効果

- 空腹時や食事中の水分補給が食べ過ぎを予防
- 水分補給をすると、発汗作用が促進され、新陳代謝が高まる

︽消費カロリーがアップ。

生活習慣病予防

脳疾患・心疾患の大きな原因 **血流の悪化**＝体内の水分不足

ダイエット中は常に水分補給を意識し、血液の流れをスムーズにする

︽一番簡単な生活習慣病の予防法。

水を飲むと、むくむ？ はウソ

水分を控えると、余計むくむようになる

水分摂取量が不足すると、内臓の働きが弱るため

むくみの原因

心肺機能・肝機能の低下や、塩分の摂り過ぎ

間違った水分補給

ダイエット中は水分ならなんでもとってOKというわけではありません。ダイエット中に避けたい飲み物を紹介します。

① ジュースや清涼飲料水、ペットボトル系お茶類

合成添加物の糖分が多く、お茶系は農薬の危険性大。

② ブラックコーヒー

コーヒーに含まれるカフェインには脱水効果があり、飲んだ量以上に水分を排出。

③ スポーツドリンク

食品添加物が多く入っていて、普通のジュースと変わらない。

④ アルコール類

コーヒー同様、利尿作用が強くカロリーも高い。おつまみのカロリーも見逃せない。

生ビール中ジョッキ500mℓ» 200kcal

日本酒1合180mℓ» 185kcal

焼酎200mℓ» 283kcal

梅酒ロック45mℓ» 72kcal

グラスワイン200mℓ» 150kcal

ボトルワイン750mℓ» 562kcal

1日にとりたい水分量

1日に必要な水分摂取量の目安は1.5ℓと言われているが、

ミア式ダイエットでは、1日3ℓ以上を目指す

冷え性の人は水分不足が原因かも

水はもともと熱を持ったまま温度を安定させる性質を持っています。私たちの体は約70％程水分でできているので、気温が変化しても35～37℃に体温を保てるのですね。でも冷え性の人は体の一部が冷たかったりします。これは、体内を巡る水分の量が少ないから。体の隅々まで水を行きわたらせることができれば、冷え性も改善できます。

アンチエイジングにも水は欠かせない

大人の水分含有量が約60％なのに対して、乳児は70％以上あります。赤ちゃんのみずみずしい肌は水分の含有量が多いからなんです。体液・血液中の水分量は年をとっても変わりませんが、細胞の中の水が減っていくと、干からびる＝老化現象が起こってしまうんです。でも水分をしっかりとる習慣があれば細胞の中の水分がお肌をふっくら保ってくれて、より若々しさをキープすることができます。

アルコールは百害あって一利なし

アルコールはカロリーが高くて、利尿作用が働いて水分が外に出てしまうし食欲も増します。なので、ダイエットにはオススメできません。アルコールを摂取すると体の中心が冷えるので内臓脂肪がなかなか取れなくなってしまいます。内臓脂肪が取れなければ皮下脂肪も取れないので、やせにくくなるんです。でも、付き合いでお酒を飲むこともありますよね。その場合は、2倍の水で補ってリセットするようにしましょう。お酒はやせたあと飲めばいいじゃないですか。お酒でさえも自分で燃焼できる体を作ったら飲めるようにまりますよ。

お酒はダイエットが
終わったら！

二の腕がパンパンなのはリンパのつまりのせい

口からとった水分は、体内をめぐって最後にリンパに補給されています。水を控えるとリンパまで水がいかず流れが悪くなって、むくみやセルライトがどんどん増えていきます。二の腕が太いのが気になるという女性が多くいますが、たいていが脇のリンパがつまっているせいです。自分の体の中で気になる部分があったら、その周りを揉んでリンパを流してみましょう。もちろん、その分水をたくさんとるのを忘れずに。

デトックスしないと肌荒れの原因に

水分は体内から毒素を流し出す目的でも使われています。排尿量は成人でだいたい１５００㎖。最低５００㎖は出さないと老廃物を出し切ることができません。老廃物の中には食品添加物や化学物質も含まれますが、体内にたまり続けると肌から排出されることに。これが肌荒れの原因にもなります。

朝起きたら、まず水を飲む

人間の血液は75%が水分でできています。水分が足りなくなると血液はドロドロネバネバになってダイエットに悪影響がでるだけでなく、生活習慣病につながる可能性もあります。血液が一日のうちで一番ドロドロになるのが、起床時。寝ている間は水分が補給されないためです。ドロドロの血液をサラサラにするためにも、朝起きたらまず水を飲みましょう。起きがけにごくごくたくさん飲むのが正解です。

寝起きに水が飲めないのはつまっている証拠

寝ている間には水分補給されないので、体は水分不足で血液もドロドロの状態。なので、本当だったら水をたくさん飲めるはず。でもこれが入らないという人は、体がとてもつまってしまっているということです。だから、飲めなくても無理に飲んでつまりを流すように努力するしかありません。急にたくさん飲めなくても、少しずつ量を増やしていけば絶対飲めるようになります。

むくんでいる人こそ水をとる

水分をとるとむくむからとりたくないという人は結構多いのですが、むくみの原因の多くは過労とストレスです。肝機能が低下してしまうと臓器が処理できなくなり、体も膨らんだ状態になりやすくなります。顔がパンパンに腫れたりするのはまさにこの状態です。インスタント食品やコンビニのお惣菜などもむくみやすい添加物や塩分が多く入っているので要注意。実はむくんでいる人こそ、もっと水分をとったほうがいいんです。たくさん水分をとることで、体のつまりを流すことができますよ。

水は1週間の平均で1日3ℓ以上

ミア式ダイエットでは、一日にとるべき水分は、3ℓ以上とおすすめしています。もっと飲める人は4〜6ℓまで。水分をしっかりとらないとやせません。でも、毎日3ℓを超えていないといけない、というわけではありません。コーヒーやお茶を飲んで、リセットするために2倍の水を飲んだ人はなかなかその日3ℓを超えられなかったりします。なので、その日1日だけで見るのではなく、1週間の平均で1日3ℓを超えるのを目標に始めてみましょう。

“眠気覚ましに食べる”は間違い

眠気を覚ますために何かを口に入れる、という人がいます。実は、何かを食べるというのは眠くなる行動の一つ。それよりは、体を動かすことの方が効果的です。ストレッチをしたり肩を回してみたり。それでもだめなら、涼しいところに移動するのもおすすめ。

ハツエ日記

今週から実行する行動習慣

□外では、お酒は2杯までにする

□夜は12時までに寝る

□試食は一口ずつにする

1日目

昼は、試作のために肉やら野菜やら食べてはいけないものを食べたので、罪悪感を振り払うため納豆1パック。お腹が1日中ゴロゴロぐうーっという感じで鳴っていて、なんかいやだなぁ。痛いわけじゃないんだけど。夜はおからと、しらすのっけ冷奴。噛まないものが多いので、ミックスナッツを5粒数えて食べ、食べる煮干しも少し。食べる喜びより罪悪感があって、今はちょっとつまらない。

2日目

今日は朝から撮影ののち、ミア先生と3回目のレッスン。ダイエットするって我慢するってことなんだなぁと思ってしまう。撮影が終わってからの試食が15時を過ぎていたので夜はお腹が空かず、納豆。気がついたら全型の焼きのりを3枚食べていた。山椒味と唐辛子味のいりこも。あー、せんべい食べたい。

3日目

撮影もなく1日家にいられる日なので、今日だけは（?）と真面目に取り組んだ。あまり好きじゃないけれど白湯にしたし。近くの自然食品店でおいしそうな蒸し大豆を見つけたので食べてみたら、やはりおいしかったー！ しかし野菜NGなので、ついついそのままポイポイ食べてしまう。魚介はOKだから、一人分の刺し身も食べた。刺し身や寿司のネタは貝が一番好きなんだなぁ。

4日目

今日はかなり前から予約済みの代々木上原にあるもんじゃ焼き屋さんへ。もんじゃとは思えない、でももんじゃなんだけど（!）、まさに組み合わせの妙だなぁ。ボルシチの味になるロシアもんじゃとか、レモン汁たっぷりのレモンもんじゃなど堪能しました。おつまみはもちろん冷奴。ここまではよかったんだけど、行くよねー2軒目。ワインバーで、一口、二口……嗚呼、意志弱い。

5日目

撮影だったので、少なめを心がけて食べる……も、少なめすぎてみんなが帰ったあとバナナを食べた。夜は家で食べるはずが友人に会うことになり、近所の居酒屋へ。山菜の天ぷらを食べちゃったけれど、あとは刺し身と冷奴でなんとかしのいだ。どうってことない冷奴ってそんなに食べられないなぁ、なんとか飽きずに食べられないか思案中。この本の後半に料理ページがあるんだもんね。

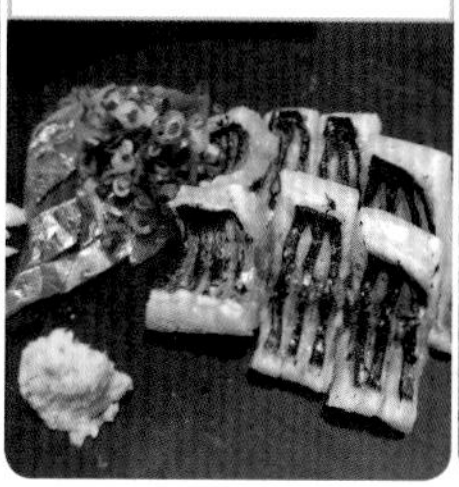

6日目

今日は明日の撮影の準備と買い物。基本買い物はアシスタントにしてもらうので私は1日中デスクワークということになる。そうなるとまったく動かない。ミア先生にはマンションの階段を上れと言われたけれど、結構音が響くのでそれはできず、廊下から浴室に上がる1段しかない段を上り下りすることにした。これでもかなり疲れる。友人から北海道土産に土地別納豆をもらう。味も姿も違っていておもしろい。飽きないようにという友人の心配りがうれしい。

7日目

撮影。以前より試食のときぐっと食べる量は少なくなったんだけど、これといって体重は変わらない気がする。まーこのくらいで5キロやせるなら、とっくの昔にやせてるし……。溜め込んだ脂肪が落ちるのは本当に大変だ。掃除と一緒でいつもこまめに汚れを落としていれば、こんなことにはならなかったのになぁと、当たり前のことだけどミア式を始めてから切実に思うようになった。

炭水化物の正体と栄養

ダイエット中は低カロリーで高栄養な食事を徹底したいので、炭水化物は控え、効率的にやせるしくみを知りましょう。

炭水化物（糖質）の消化の過程

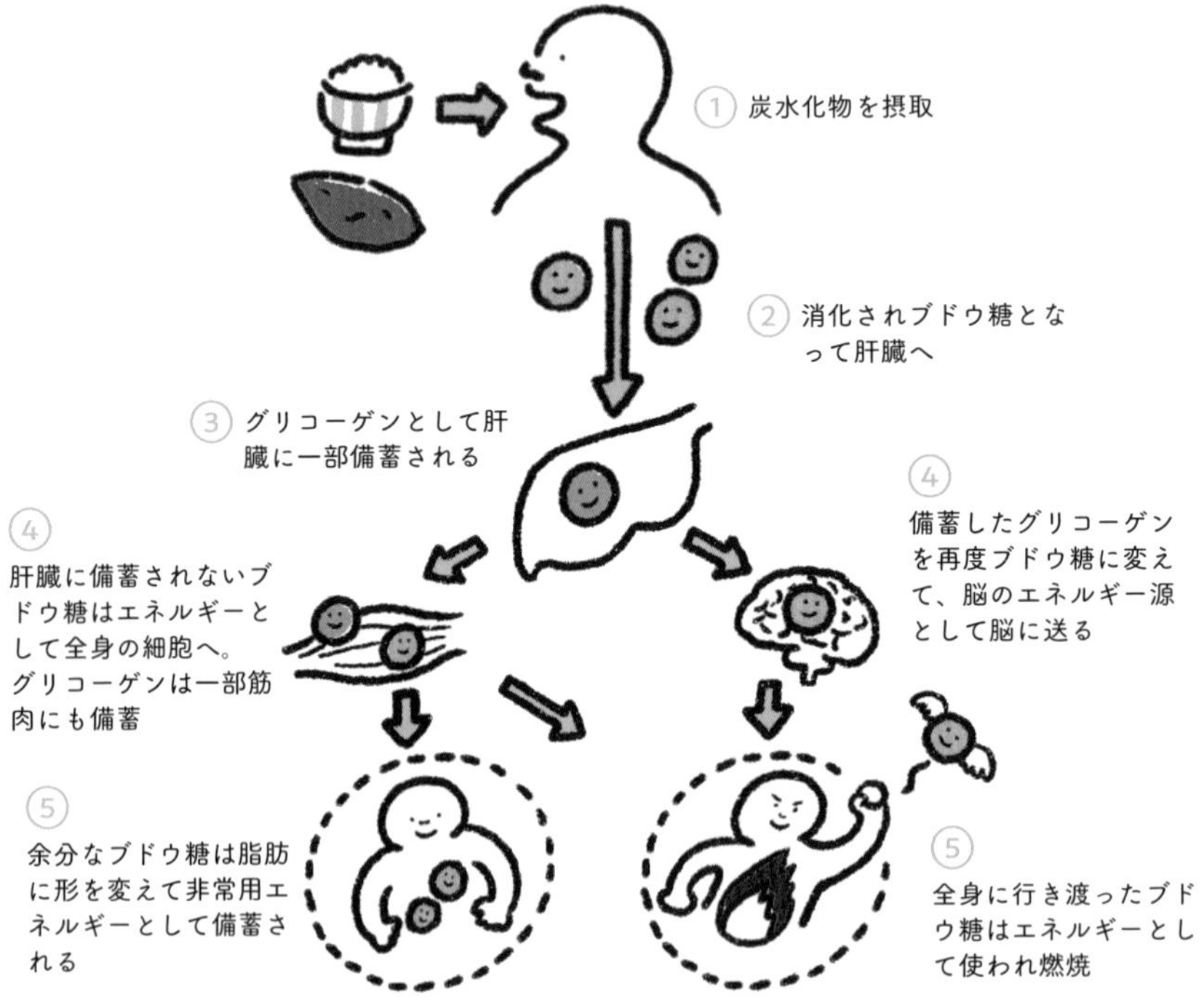
①炭水化物を摂取
②消化されブドウ糖となって肝臓へ
③グリコーゲンとして肝臓に一部備蓄される
④肝臓に備蓄されないブドウ糖はエネルギーとして全身の細胞へ。グリコーゲンは一部筋肉にも備蓄
④備蓄したグリコーゲンを再度ブドウ糖に変えて、脳のエネルギー源として脳に送る
⑤余分なブドウ糖は脂肪に形を変えて非常用エネルギーとして備蓄される
⑤全身に行き渡ったブドウ糖はエネルギーとして使われ燃焼

やせるために体脂肪を減らしたいのに、新たに入ってきた炭水化物を燃やすばかりで、なかなか体内に蓄積された体脂肪にたどり着けません。これを防ぐためには炭水化物の摂取量を減らして、今ある体脂肪を使っていくようにするのが理想です。

日本人は炭水化物を摂り過ぎ

総カロリーの60％摂取していると言われているが、
本来は30％程度が理想的。

糖質は脳や神経系に対してのエネルギー源にもなる »ダイエット中は果物などで代用。

血糖値を上げやすい糖質

グリセミック指数（GI値）

GI値はブドウ糖を摂取した時の血糖値上昇スピードを100として相対的に示す数値で、GI値の高い食品を食べると血糖値が急激に上昇します。すると、血糖値を下げるためにインシュリンが多く分泌されます。インシュリンは脂肪を作り、脂肪の分解を抑制するため、太るというしくみです。つまり、GI値の高い食品ばかり食べていると、肥満の原因となってしまいます。それを回避するには、低GI値の食品を中心に食事をしましょう。GI値が60以下の食品が“低GI値食品”と呼ばれています。

100～	ブドウ糖
90～100	せんべい、ベイクドポテト、マッシュポテト、バゲット、スイートポテト、タピオカ
80～90	もち、白パン、ミューズリー、ポップコーン、おかゆ、はちみつ、玄米
70～80	白米、メロン、アイスクリーム、ピザ、サツマイモ、ドーナツ、かぼちゃ煮、クッキー
60～70	メープルシロップ、パイナップル、バナナ、レーズン、牛乳、マシュマロ、うどん、そば
50～60	クラッカー、ポテトチップス、マンゴー、ドライフルーツ、パパイヤ、ぶどう、桃
40～50	チョコレート、大麦、レンズ豆、ひよこ豆、オレンジ、リンゴ、梨
30～40	いちご、あんず、トマトジュース、ヨーグルト、スパゲッティ
20～30	オートミール、グレープフルーツ、ゆで大豆
10～20	果糖、大豆、ピーナッツ、フムス

出典© 2019 The University of Sydney

低GI値の食品を選ぶコツ

- 白い砂糖、合成された糖類を使った食べ物を避けて、甘いものを食べたい時は果物やドライフルーツで代用する。
- 白米よりも玄米などブラウン系の漂白していないものを選ぶ。
  ※体脂肪が多い状態ではどちらも同じ炭水化物だということを忘れずに
- 常習性のある小麦系パンは、買わないようにする。
- 炭水化物の代わりに積極的に植物性たんぱく質を取り入れる。

摂取カロリーと消費カロリーの関係

「消費カロリー」よりも食べ物等から取り入れる「摂取カロリー」が多いと太ります。余分に摂取したカロリーは脂肪として体内に蓄えられ、脂肪が1kg増えたということは、消費カロリーよりも7200kcal分多く摂取したということです。やせるためには、消費カロリー＞摂取カロリーの状態にすることが必要です。

»カロリーカットだけに集中すると、栄養をカットすることに直結しやすく、太りやすく、やせにくい体を作る要因に。これがリバウンドのもと。カロリーだけではなく、食事の中身にこだわることが重要です。

太る
摂取カロリー＞消費カロリー
7200kcalオーバー＝脂肪1kg増

やせる
摂取カロリー＜消費カロリー
7200kcalカット＝脂肪1kg減

カロリーと栄養のバランスを考える

低カロリーで高栄養な食事

和食を代表とする根菜類や雑穀類、発酵食品、青魚を使った素食。

高カロリーで低栄養な食事

ファストフードやインスタント食品などは肥満の元凶。

1日の摂取カロリーの目安

除脂肪体重【体重－（体重×体脂肪率）】（kg）×30.8
＝
1日の摂取カロリー

夜9時以降のカロリー摂取は危険

人間は日の出とともにエネルギーが活性化し、日が沈むと沈静化します。昼間より夜中に食べるほうが、脂肪細胞になりやすいのです。また、夕食の時間が遅くなるほど就寝までの時間が短くなり、消化に悪影響を及ぼします。

沈静化した後、体はエネルギーをため込もうとするので
カロリーが2倍相当になってしまう。

なぜ、食べても食べても、お腹が減るのか

栄養バランスが崩れている時、体は足りない栄養を欲するようにできている。

お腹が空く

↓

自分の好きなものを食べる

↓

栄養バランスが整わず栄養不足

↓

ダラダラ食べ続けてカロリー過多

（→ お腹が空く に戻る）

↓

ドンドン太る

栄養状態が整うと、食べてもすぐにお腹が減るという
無駄な食欲が改善される。

病気の原因の8割は食生活

現代の病気の原因

1〜2割
先天性のもの、
環境やウイルス

8〜9割
食生活（カロリーの過剰摂取が生活習慣病を誘発）

適度な空腹感を楽しむ感覚を養う

健康や美容のためにも、適度な空腹感を楽しむという習慣をつけるのもポイント。

適度な空腹感は細胞を活性化させて新陳代謝が高まり、
肌細胞も活性化しアンチエイジングにも役立つ。

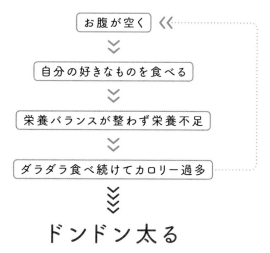

ダイエット中に野菜はいらない

野菜は体にいいとよく言われます。しかし体脂肪が多い状態では、筋肉を増やす食べ物以外は、体がただのカロリーとみなして吸収してしまいます。緑黄色野菜をはじめ、きのこ・海藻などは血糖値が上がらないヘルシーな食べ物ですが、筋肉にもならないのです。体脂肪が多くなった時点で、野菜の栄養素やきのこのよさ、海藻のよさを反映させることができないんです。だからダイエット中は食べる必要がありません。

たんぱく質で食欲が抑えられる

たんぱく質をしっかり取り入れて栄養状態が整うと、結果的に無駄な食欲が抑えられるようになります。必要な栄養素が入ってくるので、体が栄養を要求する必要がなくなるんです。余計な食べ物を手放せるようになり、ダイエットを成功へ導きます。

白米も玄米も同じだと心得る

白米と玄米だと玄米のほうがやせやすいと思っている人が多いようですが、カロリーを見比べるとほぼ同じと知っていましたか? 確かに玄米は体によい穀物です。しかし体脂肪が多い時点では栄養素をうまく取り入れることができず、カロリーのみが体に残ります。今は白米も玄米も栄養ではなくただのカロリー。白いパンと全粒粉の茶色いパンも同様です。

太っているのは栄養不足のせい

手軽に食べられるものだけ食べていると、炭水化物や脂肪を過剰に摂り過ぎてしまいます。その反面、たんぱく質・ビタミン・ミネラルは不足している状態に。栄養不足だとお腹が満たされていたとしても、体は栄養が欲しいというサインを出します。そのサインが空腹感や物足りなさのもと。そして、そのときつまみやすいお菓子などを食べると、炭水化物と脂肪は摂れても、本来欲しかった栄養素が補充されることはありません。その繰り返しで栄養不足が続いていき、大量に食べたものの中から栄養を補おうとして、結果体脂肪が増えるのです。体脂肪が多くなったのは、実は栄養不足が原因なんです。

空腹感を楽しむ

現代はおいしいものがあふれていますよね。でも、お腹が空いたらすぐ何か食べる、という習慣はやめましょう。お腹が空いたときに少し放っておくと、内臓から成長ホルモンが出て、血糖値をちょっとだけ上げてくれます。これによって、実際には食べていなくても、食べた気にさせてくれ、無駄な食欲を抑えてくれるのです。この空腹感を楽しむ余裕も養っていきましょう。

食べ損ねたら あきらめる

一日三食必ず食べないといけないと思っている人や、食べられなかったら損をした！　なんて思ってしまうような人は、今すぐ考えを改めましょう。人間はもともと飢餓に強い生き物。少し食事をカットしても大丈夫です。夜遅く帰ってきたときには思い切って食事をあきらめる。そうすると、夜寝ている間に体の中が掃除されて、翌朝はスッキリ目覚められます。逆に夜遅くに食べてしまうと、消化器を含めて内臓を働かせすぎることに。体の中は休まらず、掃除もされないため、睡眠の質が低下することも。食べ損ねてしまったらもう食べるのをあきらめて、寝るなりほかの作業をするなりしましょう。

寝ちゃえば翌朝スッキリ！

お腹が鳴ってから 1時間半我慢

お腹が空いたから食べるのではなく、時間になったから食べていませんか？　お腹が空いてグーッと鳴ったら、そこから1時間半あけてからごはんを食べるのが理想です。これは食べ過ぎを防ぐための訓練のひとつです。学校や職場でお昼休みの時間が決まっている場合は、1時間半ずらすのは難しいですよね。でも10分ならあけられるのではないでしょうか。自分が食べたいと思ったときにすぐ食べないことが大事です。

食べるものは 用意しておかない

ミア式ダイエットでは、植物性たんぱく質のほかに、フルーツもOKにしています。そうするとたまに、フルーツを食べやすいようにむいておくという人がいますが、これはやめてください。わざわざ食べやすくして置いておくと、むくのが面倒だから食べない、切るのが面倒だから食べないという抑止力になるチャンスを逃すことになります。同じように、夜料理する時間がないからと、作り置きしておくのもやめましょう。それならば昼の間にしっかり食べて、夜は抜いてしまうぐらいの気持ちでいたいものです。

満足感の高いものを 食べる

世の中には、高カロリーで低栄養のものがあふれています。そういうものは、お腹一杯にはなるかもしれませんが、満足感は実は低かったりします。そうすると間食が増え、食べる量が増えていく傾向にあります。一方で低カロリーで低栄養のものもたくさんあります。ですが、低カロリーのものを食べたとしても、やはり満足感は低く、食べ過ぎの原因になるのです。やはり重要なのは、低カロリーで高栄養なものを選んで食べる、ということです。

ハツエ日記

今週から実行する行動習慣

□朝夕、ラジオ体操をする

□朝は7時に起きる

1日目 今日でレッスン4回目。自分なりに頑張ったと思うんだけど、その割に体重が減ってなくてがっかり。明日から来週にかけて撮影だの料理教室だのと厳しいので、なんか暗雲が立ち込める感じ。レッスンの帰りに、明日の撮影の材料を予約した伊勢丹へ。せっかくだから、ささやかな贅沢で、おいしそうな刺し身を2種購入。大好きなお菓子やパンの店は素通り。

2日目 撮影ではなるべく少なめに食べ、それから打ち合わせ、明日からのイベントの準備。キムチで使う白菜を塩漬けしたりとなんだか忙しい。夜は撮影で残っていた刺し身、お魚ソーセージ、そして豆腐に納豆と黒豆納豆を混ぜたものを食べる。ささっと食べられるものばかり。5分で終了。

3日目 キムチ教室を近くの友人の店で開催、一日目。やはり初日はバタバタといろいろあせる。なんとか間に合ったし、好評でよかった！　教室では甘いものの差し入れがあったし、ゆでた豚バラ肉がメインだし……とOK食材がない。誘惑と闘ったけれど結局は夜、おそば屋さんへ。充実の刺し身盛りとワインを少々。

4日目

キムチ教室二日目。今日は昼晩2回あったけれど、昨日より落ち着いてできた。おいしいお菓子の差し入れは今日もあり、でも夕飯の時間がとれなかったから、まあ食べてもいいのかなぁ。友人数人から少しやせたんじゃない？と聞かれる。いえいえ、お酒を少しにしているから顔がむくんでないだけですーと言いつつ、期待して帰宅後に体重計にのってみたけれど、やっぱり変わってないぞ……涙。

5日目

今日は打ち合わせで出たお菓子も一口でやめ、昼食も納豆と頑張った。夜は代官山の定食屋さんへ。ご飯はなし、ほとんど野菜なし、悲しい。でも刺し身はピカピカ、エッジが立っていて素晴らしい。定食屋なのに盛りつけも繊細。さすが友人のお墨つきなだけあるな。大変満足でした。

6日目

今日は、先日ロケハンに行った鎌倉食べ歩きの本番撮影。天気もよく、順調にすすむ。幸い食べる分量も途中までは少なかったんだけど、最後のレストランでは小打ち上げも兼ねてたくさん頼んでくださったので、ありがたくいただき、ありがたく飲んでしまいました。イタリアンはOK食材が少ないので、もう開き直るしかない。控えめに、を心がけて食べるしかありませんでした。

7日目

昨日の反省日。朝は果物、昼は納豆＋豆腐＋アボカド。疲れが出たのか早起きはおろか2時間も昼寝。なんとか起き上がって明日の準備をやる。最近夏野菜の撮影が多く、残っていたトマトで、やせたあとに食べる望みを信じてトマトソースを作った。冷凍しておいてダイエットが終わったら食べよう。フライパンに残った少しのソースにキムチの汁を足して豆腐を煮て食べた。一瞬で食べ終わり、お酒がすすまないので悲しいけど体にはいい。

太った原因は？

“何が自分を太らせたのか？”考えてみましょう。その原因を知ることが、“どうすればやせるのか？”の答えにつながります。

あなたを太らせた7つの習慣

今現在のあなたが、以下の習慣のどの党に所属しているか振り返ってみましょう。ひとつだけとは限りません。

① **過食党**

いつも、お腹一杯になるまで食べる

② **運動不足党**

なるべく楽な姿勢で動きたくない

③ **アルコール党**

お酒がやめられない

④ **油党**

揚げ物や肉類が好き

⑤ **間食党**

常に何かをつまんだり、口に入れている

⑥ **夜食党**

遅めの飲食が日常化

⑦ **甘党**

甘いものを食べないと気がすまない

7つの習慣の原因となった具体的行動

早食い

ストレス食い

外食型

食事不規則

つられ食い／ファストフード型／コンビニ弁当型／食べ物ストック型／買い物大好き／スローリズム／朝食抜き／中食中心生活／濃い味好み／残り物処理係／だらだら食い／あきらめ型／料理作り過ぎetc....

7つの習慣と具体的行動の撃退方法

① 食べ過ぎないで「腹六分目」を心がける

常に満腹状態でいると、胃が広がって多く食べてしまうので、少なめの食事で満足できる体を目指す。

② 脂肪分の摂り過ぎに注意する

揚げ物や炒め物ではなく、ゆでる、蒸すなど調理に工夫する。市販のドレッシングは使わず、手作りでシンプルな料理にこだわる。

③ ビタミン・ミネラル、食物繊維をしっかり摂る

ビタミン・ミネラルは体の免疫力を高める働きなどがあり、食物繊維には糖質や脂質の吸収を抑える働きがある。ダイエット中は食品に頼らずサプリメントで補う工夫も大事。

④ 糖質を控える

スイーツだけでなく、アルコール類も糖分が多く含まれているので、とらなくていいように工夫をする。

⑤ 空腹時に買い物に行かない。買い置きはしない

空腹時は、ついつい余計な物まで買ってしまい、買い置きがあると、無意識のうちに間食が増えてしまう。買い物をするときに「これは本当に必要か？」と確認をして、買い置きは控える。

⑥ 間食はできるだけ避け、21時以降はなるべく食べない

間食は無駄なエネルギーを摂取してしまい、不規則な食生活を招く。また遅い時間の食事は、普通の時間に食べた時の約２倍のカロリーを摂取してしまうのと同じことに。

⑦ 1人分を取り分ける

家族での食事の場合など、大皿から食べるのではなく、最初から自分の分を取り分けることで食べ過ぎを防止する。自分はどれくらい食べているのか意識することが大切。

⑧ ゆっくり噛んで食べる

早食いは肥満のもと。満腹中枢が刺激される前に余分に食べてしまうので太りやすくなる。逆によく噛んでゆっくり食べることで、その間に満腹中枢が刺激され食べ過ぎることを防ぐ。

⑨ お酒の飲み過ぎ、おつまみの食べ過ぎに注意する

お酒にもカロリーはあるので、飲み過ぎれば肥満につながる。また、おつまみは塩分や脂肪分が多いものが多く、ついついお酒がすすみ、飲み過ぎ、食べ過ぎにつながりやすいので気をつける。

⑩ 水を積極的に飲む

水分摂取はダイエットにも美容にも健康にも非常に有効なので、積極的に水分をとることが大事。

アルコールも糖質

スイーツや炭水化物だけでなく、アルコールも糖質が多く、太る原因のひとつです。お酒を飲む習慣のある人は、飲む量が多くならないようコントロールしましょう。でもそれがなかなか難しいので、そもそも摂取しないのがいちばんです。

食事は腹六分目に

よく「食事は腹八分目」と言いますが、肥満予防の観点では腹八分でも多く、腹六分でいいと考えます。いつも満腹に近い状態になっていると、胃が広がって余計に食べてしまいます。常に少なく食べる習慣をつけたほうがいいのです。腹六分がわかりにくいという人は、基礎代謝の半分のカロリーを目指しましょう。もちろん食べるのはたんぱく質です。そしてたくさん水分をとる。食べるものではなくて、水分でお腹を満たすのはＯＫです。

油はサプリメントで補う

揚げ物や炒め物などの油を使う料理は、食欲を刺激する原因になり、たくさん食べないと気がすまなくなってしまいます。でも、脂っこいものを食べたくなることってありますよね。これは、体が油を欲しているサインです。この場合は、魚の油がとれるサプリメント（ＤＨＡなど）がおすすめ。良質な油をとってダイエットを乗り切りましょう。

ビタミン・ミネラルはたんぱく質で補える

ビタミンとミネラルを補給するのに、サプリメントを飲む人がいます。もちろんこれは間違いではないのですが、植物性たんぱく質を摂っていると、ビタミン・ミネラルは自然と摂取できるので、サプリメントは必須ではありません。ただし、忙しすぎる人やストレスがたまりやすい人は、ビタミン・ミネラルが燃焼される傾向にあります。そうすると自律神経が乱れてバランスが崩れてしまうおそれが。疲れやすかったり翌日に疲れが残るという人は、ビタミン・ミネラルのサプリメントを上手に取り入れていきましょう。

1人分ずつ分けとる

中華料理やホームパーティーなど、大皿で料理を出されると、ついつい食べ過ぎる傾向にあります。ひとつのお皿からみんなで少しずつ取っていると、自分がどれだけ食べたのかわからなくなってしまいますよね。また、周りの人のスピードに流されやすくなることも食べ過ぎにつながります。これを防ぐためには、自分のひとつのお皿にのる分だけ、と決めるのがポイント。さらに、料理が出そろうまで待つとタイミングをずらすことができるので、食べるスピードも抑えられますよ。

空腹時には買い物に行かない

お腹が空いた状態で買い物に行くと、余計なものを買ってしまいがち。空腹時の買い物は避けましょう。また事前に買うものを決めておくなど、余計なものを買わないように工夫してください。買い置きもＮＧです。あると食べたくなります。食欲を刺激しないために、たくさん買ってストックしておくようなことはしないでください。

間食はいらない

間食は無駄なエネルギーになりやすいので、ダイエット中は控えましょう。もともと間食はＯＫなのですが、そうすると毎回食べてしまう人がいるので、基本的には食べずに、どうしても必要な時だけにしてください。食べたいと思った時に、別の行動に置き換える訓練をしてみましょう。例えば、間食したくなったらトイレに行く、深呼吸をする、など自分の中で決めごとをつくって実践しましょう。

お酒のお供には要注意

お酒の飲み過ぎ・おつまみの食べ過ぎは昼間の努力を台無しにします。お酒自体がカロリーになって蓄積されるのはもちろん、アルコールにより味覚が鈍感になりやすくなります。揚げ物のような脂っこいものも、塩辛のように塩分が多いものも、味を感じにくいので食べ過ぎてしまいがち。お酒は飲まないのがいちばんですが、飲んでしまった場合は倍量の水を飲むようにしてください。もちろん翌日は調整日です。

一口20回、エアーでもいいから噛む

ゆっくり食べるために、一口食べたら20回噛むように心がけましょう。でも、豆腐だったら10回ぐらいでなくなってしまいますよね。そんなときは、残りの10回をエアーで噛むイメージです。噛むことで満腹中枢が刺激されて食べ過ぎを防ぎます。

便秘は水分とマッサージで解消

ダイエット中の便秘の原因は水分が足りていないから。または座っていることが多かったり、運動不足で腸の中の動きが少ないと便秘が起こりやすくなります。まずは水分をたっぷりとって、腸の中を動きやすい状態にすること。座りっぱなしが多い人は、さらにお腹をマッサージしましょう。手で円を描くようにマッサージしてもいいですし、空気をお腹に入れるイメージで、お腹を膨らませたりへこませたりして、腸の運動を促すようにしましょう。

ハツエ日記

今週から実行する行動習慣

□20回噛んで食べる

□買うものは大豆製品と果物のみにする

□食べている人につられず、見るだけにする

□プールで歩く

1日目

ダイエット開始1ヵ月後、写真撮影の日。なんとか今週もやせていた。今日は珍しく外のスタジオで昼はお弁当だったので心配だったけどよかったなぁ。終わってからこの本の打ち合わせ。衝撃の提案。なんとあと1ヵ月続ける気はないかと。なんでだぁ！ 目の前が真っ暗になる。でもなぁ、せっかくのチャンスだし、やってみるしかないのかな、自分一人じゃ流されちゃうし。いろいろ考えつつ、代々木の居酒屋で、美しい刺し身をハイボールでいただく。

2日目

母と夜ごはんに行く。母にはダイエットの件は話していない。まだ「あなた、やせた？」なんて言われてないし、そのまま伏せておく方が、なんだかんだ言われなくて都合がいいのだ。今日行ったのはおそば屋さん。ここには素晴らしくおいしい刺し身や豆腐がある。母が少食なのも助かった。お酒は沢山飲んだし、おそばも食べたけれど、まぁよしとしよう。

3日目

今日はゆっくり過ごしたかったのに、なんだかやることがいろいろあって、午後からはマッサージにも行ったので、あっという間に1日が終わってしまった。帰りに自然食品店で、豆乳でできているヨーグルトを買った。いつものヨーグルトとはほど遠いなぁ、食べつけるとおいしく思えるようになるんだろうか。でも何か料理やデザートには使えそう。

4日目

ちょっと悲しいことがあり、やりきれなくて近所の居酒屋でハイボール4杯？　5杯？　ガブガブと飲んでしまい、帰りはほとんど覚えていない。刺し身や小魚のから揚げなど魚ものを頼んだけれど、なんせ食べる量が少ないのですごく酔っ払う。食べられるものは少ないし、これからのことを思うとため息しか出ない。こんな日々がまだしばらく続くなんて、考えただけでブルーになる……。

5日目

撮影。食べていいと言われているものは今日はほとんどない。でも試食は全部しましたよ、当然。前は試食のとき、かなり量を食べていて、夜7時を過ぎてもお腹が減らないのに時間がくるとなんか機械のように夕飯を食べていた。最近は試食も少なくしているので、夕飯の時間にはしっかりお腹が減る。自分がいかに食べ過ぎていたかがよくわかる。

6日目

食べる量を少なくして初めて胃痛。原因不明。でも友人と恵比寿の中華料理屋さんに行く約束をしていたので出かける。店主の明るさと友人との会話でかなり元気になった。もちろん料理もおいしい。最後の素そばなんて最高なのだ！　嗚呼、腹一杯麺が食べたい。で、結局飲み過ぎ、結構ぐるぐると世界が回る。

7日目

お昼は鮭の蒸しものだけ。だって今日は曙橋の中華の店に行く予定。この時期だけのメニューがあって、絶対に食べてしまうに違いないからです。ええ、先月も食べましたが、何か？　だって1年に1回か2回だし、来年は予約できてないので食べることができないと思うと、いくらダイエット中だって食べますよ、ええ！

脂肪と肥満について

ダイエットは、体脂肪を正しく減らすことが目的。生活習慣病も予防でき、心も体も健康になります。

6週目

皮下脂肪と内臓脂肪

体脂肪は

皮下脂肪

と

内臓脂肪

の2種類

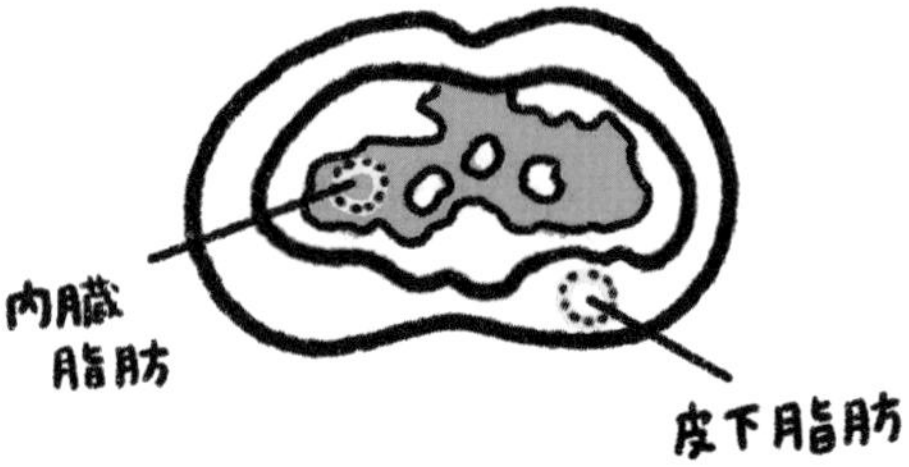

女性は皮下脂肪がつきやすく、男性は内臓脂肪がつきやすい。

皮下脂肪型肥満（洋ナシ型肥満）の特徴

- エネルギー貯蔵や体温を逃さない役割。
- 内臓脂肪に比べ、溜まりづらく、燃焼しにくい。
- 女性は妊娠準備や妊娠期の子宮保護、授乳用のエネルギー源など、女性の体をサポートするために、男性よりも皮下脂肪を積極的に蓄えようとする。
- 燃焼されにくい脂肪なので、比較的やせにくい。

内臓脂肪型肥満（リンゴ型肥満）の特徴

- カロリーの過剰摂取、脂肪や糖質、アルコールの過剰摂取・運動不足などで内臓のすき間につく脂肪。
- 皮下脂肪と比べ、溜まりやすく、燃えやすい。
- 男性の方が内臓に脂肪がつくことが多いが、女性も女性ホルモンの分泌が減る更年期のあたりから、内臓脂肪の増加が著しくなる。
- 高血糖、高血圧、高脂血症などの生活習慣病になるリスクが非常に高くなる。男女ともに腹囲が85cm以上はメタボ。

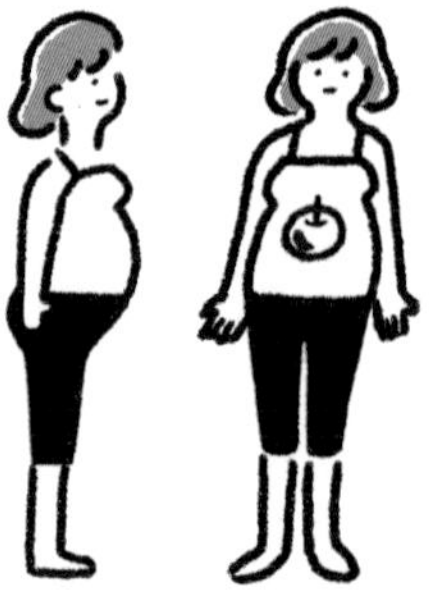

内臓脂肪は燃えやすいがつきやすい

内臓脂肪がつきやすい時間帯は

夜8時〜朝4時

- 消化・吸収・排せつの体のリズムのうち、吸収が活発なこの時間帯は内臓脂肪になりやすい。内臓脂肪はエネルギーが不足したときに優先して燃焼される。
- 現代人は遅い時間の飲食の機会が多くなったことからも内臓脂肪型肥満が急増。

日本人は欧米人より脂肪を溜めやすい

日本人が脂肪を溜めやすいのは農耕民族だから

凶作などによる飢餓に対応できるように、日本人は欧米人より脂肪を溜めやすくなったとも言われている。しかし、太るためには栄養を体に行き渡らせる役割のホルモンであるインスリンが多く必要とされる。日本人は欧米人に比べてインスリンの分泌能力が弱いため、体重が100kgを超える人の割合が少ない。

肥満は万病のもと

肥満は

がん　心筋梗塞　脳卒中　肝硬変　関節障害　胆石　糖尿病

などの3大死因や生活習慣病の原因になる。

発症前に肥満を解消するだけで症状を改善することは可能。

脂肪を効率よく燃焼させるには？

脂肪から燃焼させる方法

低カロリーで高栄養な食生活の実践

- 栄養が補給されることで、筋肉など体にとって大事な部分を落とさずに済む。
- 栄養で満たされると非常用のエネルギーを備蓄する必要がないと体が認識するので、備蓄エネルギーである脂肪から燃焼してくれる。

植物性たんぱく質だけを食べ続けることで
体が満足して空腹は満たされ、太らない

意外と多い“かくれ肥満”

体脂肪率が男性で25%、女性で30%を超えている人は
肥満であることを、認識することが大事。

- リバウンドしないための目標としては男性17%以下、女性は22%以下を目安にする。
- 体重よりも体脂肪を落とすことのほうが大事。
- 日本人は、まだまだ体重減少絶対主義»問題認識が低い。

体重が変わらないのに、サイズが落ちるのは?

脂肪を落とし筋肉を増やすダイエットをすると、体重は変わらないのにサイズがダウンしたりする。

(例) 脂肪－2kg 筋肉＋2kg » 体重的に±0kg
これが理想のダイエット

停滞期(プラトー)はなぜ起こるのか?

停滞期は「体の自己防衛反応」
特に、食事制限ダイエット(栄養素不足)時に頻発。

- 停滞期の期間は個人差があり、3日の場合もあるが数ヵ月続くこともあり、人それぞれ。
- ダイエットは停滞期をどう乗り越えるかがカギ。ここでダイエットに挫折する人と成功する人に分かれる。
- 停滞期の時こそ、積極的に水分補給をする。

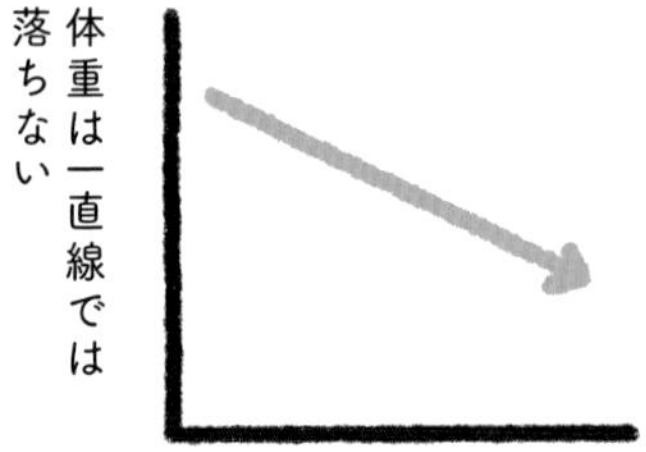

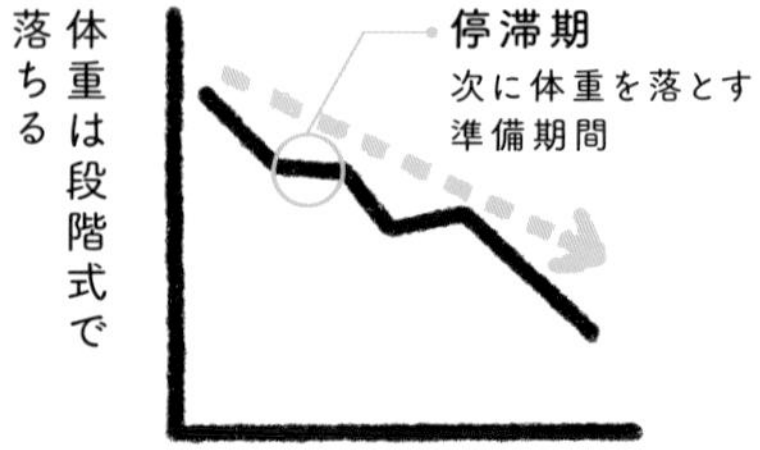

停滞期は体重が落ちない時期ではなく、
次に体重を大幅に落とすため準備をしている
貴重な時期だということを知っておくこと。

筋肉をつけるための食生活と運動の意識

植物性たんぱく質を意識した食生活 **活動的な生活** が大事

- 運動はカロリー消費を目的にするのではなく、筋肉の維持、増量を目的にやること≫軽い筋トレなど。
- たんぱく質を摂った上での運動は効率よく筋肉としてつきやすい。

女性にはやせやすい時期とやせにくい時期がある

- 生理２週間前から体内に水分を貯蓄しようとするので、体重は増加傾向になる（約１～２kg）。
- 生理前は食欲が増し、その食欲に負けることでより体重や体脂肪に反映しやすい。

体に必要な脂肪

必要

不飽和脂肪酸

細胞膜を作る材料になり、滑らかな肌ツヤのよさにも関係。

必要

オメガ3脂肪酸

魚の脂などに含まれるオメガ３脂肪酸をしっかり摂っている人は、心疾患のリスクが最大９割軽減される。

不要

飽和脂肪酸

摂らなくていい脂は牛肉や豚肉などに含まれている。

近年の食環境の変化に人類は適応していない

人類の歴史を365日に当てはめてみると、この飽食の時代になってからまだ４分しか経過していないのです。700万年以上かけて、人間は飢えに耐えるため脂肪を蓄えられるように進化してきました。そこに、ここ数十年で一気にカロリーオーバーになってしまったのが現代の食生活です。体は対応しきれず、脂肪に変えています。これらからいかに“食べ過ぎない”生活を送らないといけないかを理解していただけるでしょうか。

肥満を解消して病気を予防

肥満になると、病気になるリスクが高くなります。がんや心筋梗塞、糖尿病、肝硬変など、いろんな病気に同時進行で直結しやすくなります。病気を発症してしまったら、たとえそのあとに肥満を解消しても病気は治りません。逆に、肥満さえ解消してしまえば病気のリスクを改善することもできるんです。元気なうちに脂肪を燃やしておくことが将来的な病気の予防につながります。

女性は皮下脂肪、男性は内臓脂肪がつきやすい

脂肪は皮下脂肪・内臓脂肪の2種類。女性は女性ホルモンの影響で皮下脂肪がつきやすく、男性は内臓脂肪がつきやすいんです。ですが更年期に入ると女性ホルモンが20代の半分以下になってしまいます。すると男性同様、内臓脂肪がつきやすくなります。つまり、女性は皮下脂肪にプラスして内臓脂肪もつきやすい体になってしまうんです。

効率的に脂肪を燃やす

単純にカロリーカットをすればやせると考えている人がいますが、それは間違い。脂肪の性質上、栄養をカットしてしまうと脂肪が燃えにくくなってしまうからです。脂肪は備蓄エネルギーで長時間栄養が入ってこないときに、最後の手段として燃やしてくれるものなんです。例えば山で遭難して食糧が尽きたとき、体はまず筋肉を分解してエネルギーを作り出します。それが限界にきて初めて脂肪を燃やす。つまり脂肪が燃えるのは最後なんです。これを逆手にとれば効率的に脂肪を燃やすことができます。筋肉にとって高たんぱく質で低カロリーの食事で高栄養の状態を作れば、余分な脂肪から消費していく。だからミア式では植物性たんぱく質を摂取しながらのダイエットをおすすめしています。

ローカロリーダイエットはリバウンドのもと

野菜だけなどのローカロリーダイエットは、一時的に体重は減るかもしれませんが、入ってくるものが低栄養のため、栄養不足の状態に陥ってしまいます。そうすると、体は体脂肪をためて筋肉から落とし始めます。こうなると、やせたように見えても実は体脂肪が残っている。つまり、わざわざリバウンドしやすい状態を作っていることになります。

目指すは体脂肪率22%以下

意外と多いのが、隠れ肥満。女性の場合、体脂肪率が30%を超えていると、見た目が細くても肥満に分類されます。20%～25%が女性の標準ですが、25%くらいだと気が緩むとすぐ30%になってしまいます。リバウンドを防ぐために、体脂肪率22%以下を目指してダイエットをしましょう。

体の中を単純化させる

やせるには体の中もシンプルに！

摂取するものを植物性たんぱく質のみにしぼるのは、体の中を単純化させたいから。体の中に入ってくるのがたんぱく質だけなら、それだけを処理すればいい体になります。いろんな食品が入ってくると、体の中はパニック状態になってしまいます。本当は必要のない栄養素が入ってくると、対応できずにとりあえず脂肪として体の中に残すように働いてしまうんです。たんぱく質だけにしぼって体内を単純化させることで、だんだんと栄養素の処理が早くなります。早く満たされれば備蓄している脂肪を手放すことができ、ダイエット成功につながります。

停滞期は数字にとらわれない

停滞期は人によって長さが違います。いつ終わるかわからないので、モチベーションを保つのが大変な時期でもあります。そんなときはあまり数字にとらわれないようにすること。数字ばかり見てしまうと「こんなに頑張っているのに」と自分を責めてしまい、さらにモチベーションを下げる原因になりがちです。でも、体重は減らなくても体の中の変化は必ず起こっているはず。肩こりが改善されたり寝つきがよくなったり、体にとってよい変化が起こっていることに目を向けてみてください。辛抱は必要ですが、やせやすい時期は必ず来ます！

やせやすい時期を逃さない

だれにでも、やせやすい時期とやせにくい時期があります。どんなに頑張っても数字が減らないというのは、やせにくい時期である可能性が高いですね。でもそのまま頑張り続けると、一気に数字が落ちるときが突然やってきます。これがやせやすい時期です。このやせやすい時期を逃さないためにも、やせにくい時期でも淡々とダイエットを続けることが重要になってきます。

1食2種類までのたんぱく質が理想

食事で摂るたんぱく質は2種類までが理想。「豆腐と納豆」とか、「納豆とお刺身」とか。同じ種類のものをおかわりするのはOKです。でも食べる種類を増やすと、どうしても食べる量まで増えてしまいます。飽きてきたらトッピングを加えるのはOK。キムチやコショウ、ネギ、スパイスなどで味を変えましょう。

ハツエ日記

今週から実行する行動習慣

□夜は12時までに布団に入る

□1回でもプールに行く

□朝7時台に起きてラジオ体操をする

1日目

計測6回目。昨日かなり食べてしまったので、体重は辛うじて減っていたけれど体脂肪が増えていた。まぁしかし減っていたのでほっとした。植物性たんぱく質の重要性を知って、帰宅後は真面目に大豆テンペを照り焼きにして食べた。あと刺し身も。これまで大豆テンペのイメージはあまりよくなかったけれど、食べてみたらおいしかった。これは使える！　たがが外れないように地道にやっていこう。

2日目

都内のスタジオで撮影。外でランチをしようとすると食べられるものがほとんどない。悩んで納豆そばにした。そばはおいしくて残せなかったけれど、もともと盛りが少なかったからよしとする。撮影が終わって銀座の茨城アンテナショップでよさげな納豆を数種類買い、ドライ納豆も見つけてゲット。豆の味が甘くていい。せんべい好きなので、カリカリしたものが欲しくなる。

3日目

今日も撮影、そのあと打ち合わせ。昼は豆腐を食べたけれど、そのあと何も食べられなくて本当に辛かった。夜は豆腐という気分になれず、豆乳を飲んで刺し身で終わり。ずいぶん前にテレビでやっていた柔軟体操のシリーズをまとめてDVDに入れていたんだけど、やり始めたらこれが辛い、でもなんだかクセになる。これが今週の目標になったので、なんとか頑張ります。

4日目　来週に大変な撮影があるので、その準備。家にずっといたので豆腐中心の生活はできたけれど、運動不足なので、せめてもの気持ちで、遠いスーパーに買い物に行く。肉の代わりに使える大豆ミートを見つけて購入。今週はプールに行くことも行動目標にしていたんだけど、結局、今日も行けず。うーん。

5日目　打ち合わせでカフェに。悩んだ。ほぼ全部食べてはいけないものばかり。結局、鶏胸肉とアボカドを使ったライ麦パンのサンドイッチを注文。豆サラダつき。罪悪感にかられながら食べるのっておいしくない。でも久しぶりのパンはおいしいなぁ。夜はお刺し身と豆腐でおとなしく。嗚呼、早くバターをたっぷりのせた厚切りトーストが食べたい。

6日目　友人二人が来て、うちで飲む。ダイエットの件は言っていない。気づかれないように、炒めたキムチとゆで豚に豆腐をたっぷり添えたり、ひじきとゆで大豆を合わせたり……と、なるべく大豆製品メニューを多めに作る。お酒も二人がたくさん飲んでくれるので、いつもより少なめに飲んでいてもバレない。食べる量も減らしたつもり。誘惑と闘うのに必死だったけれど、まずまずかな。

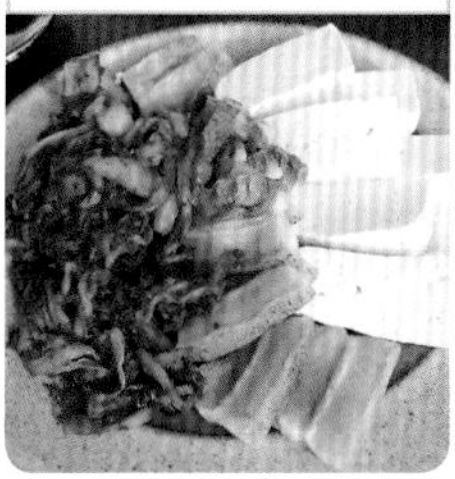

7日目　一日テレビの撮影。実は昨日盛り上がって夜中の2時に解散。若者か。興奮していたのか寝たのは3時過ぎ。もちろん洗いものもそのままで、久しぶりに二日酔いで、朝からお風呂に入り、洗いものを片づける。あっという間に撮影隊が来て焦る。終わったら疲れがどっと出て、いけないと言われていたハイボールを飲んでしまう。でも1週間飲むなと言われたら死ねと言われるに等しいんだから仕方ない……。

小腸の重要性と食物繊維

7

週目

食物繊維は消化酵素に分解されることなく小腸を通って大腸まで届けられます。分解されないからこその働きを知りましょう。

栄養を吸収するところ

小腸の表面にはじゅう毛と呼ばれる突起があり、口から入ってきた栄養をキャッチして体に吸収していく、ということを繰り返しています。繊細な器官なので食べる物の内容が肝心です。

食べた物は胃ではなく小腸で90％以上吸収される

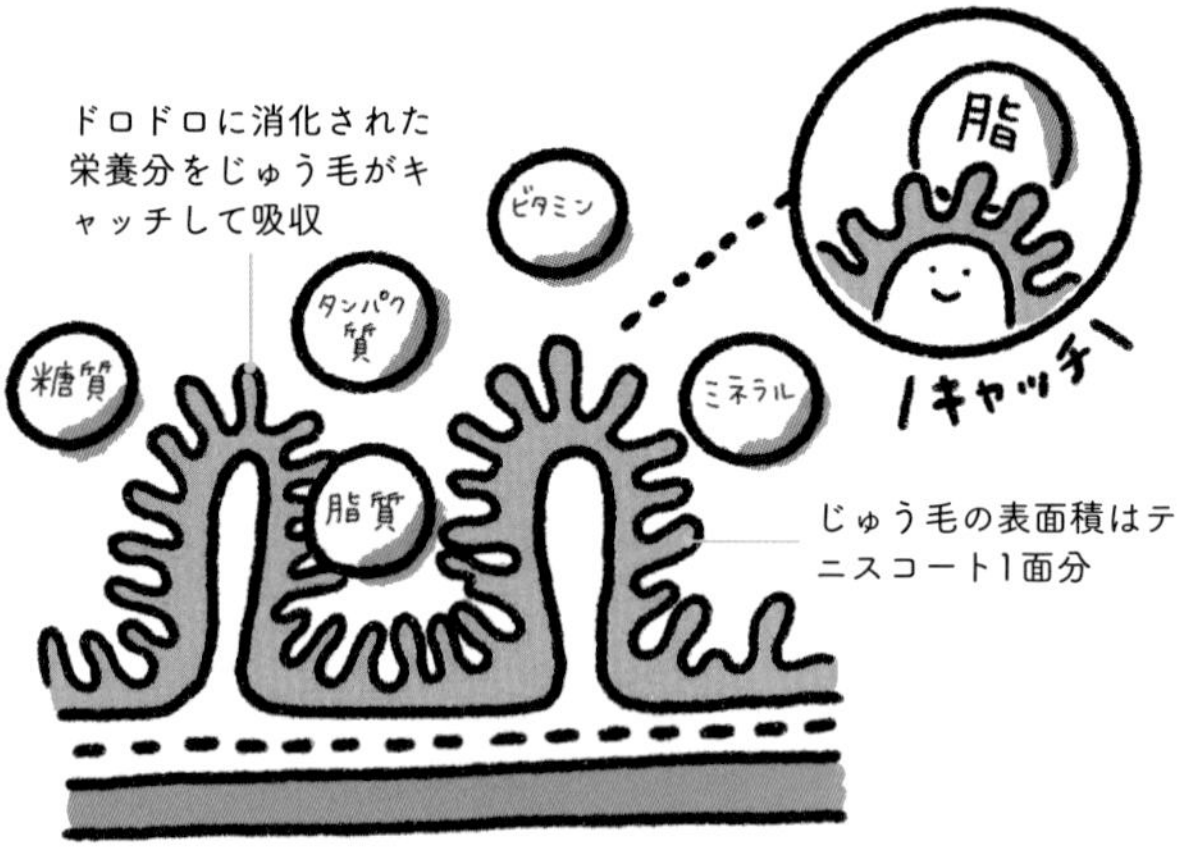

じゅう毛の現状

- 現代社会で生活している人たちのほとんどが、じゅう毛が正常に機能していない。
- 食品添加物など化学物質の摂り過ぎ、喫煙、お酒の飲み過ぎ、ストレスなどにより栄養が吸収できなくなっている。

宿便の弊害

宿便 小腸や大腸の内壁に頑固な形で、何ヵ月あるいは何年もの間付着した糞便。≫吸収できなかったたんぱく質や脂肪分が腐敗したもの。

- 腐敗した毒素が絶えず小腸から血液中に吸収され、毒素が全身に広がる。
- 宿便が長期間腸内にあることで、腸壁を攻撃。近年の大腸がんの急激な増加につながる。
- 毒素によって赤血球が汚染される。
- 血液が毒素で汚されると、肌荒れがおきる。

郵便はがき

おそれいりますが
切手をお貼り
下さい

1 0 4 - 8 0 1 1

東京都中央区築地
5－3－2

株式会社
朝日新聞出版
生活・文化編集部
行

ご住所　〒 電話　（　　　）		
ふりがな お名前		
Eメールアドレス		
ご職業	年齢 歳	性別 男・女

このたびは本書をご購読いただきありがとうございます。
今後の企画の参考にさせていただきますので、ご記入のうえ、ご返送下さい。
お送りいただいた方の中から抽選で毎月10名様に図書カードを差し上げます。
当選の発表は、発送をもってかえさせていただきます。

愛読者カード

お買い求めの本の書名

お買い求めになった動機は何ですか？（複数回答可）

1. タイトルにひかれて　　2. デザインが気に入ったから
3. 内容が良さそうだから　　4. 人にすすめられて
5. 新聞・雑誌の広告で（掲載紙誌名　　　　　　　　）
6. その他（　　　　　　　　　　　　　　　　　　　）

表紙　1. 良い　2. ふつう　3. 良くない
定価　1. 安い　2. ふつう　3. 高い

最近関心を持っていること、お読みになりたい本は？

本書に対するご意見・ご感想をお聞かせください

ご感想を広告等、書籍のPRに使わせていただいてもよろしいですか？

1. 実名で可　　2. 匿名で可　　3. 不可

ご協力ありがとうございました。
尚、ご提供いただきました情報は、個人情報を含まない統計的な資料の作成等に使用します。その他の利用について詳しくは、当社ホームページ https://publications.asahi.com/company/privacy/ をご覧下さい。

小腸から栄養が吸収できないと?

じゅう毛が栄養をキャッチしないことで、栄養不足の状態が続く。

- 栄養バランスが悪くなるので、すぐにお腹が減って、常に何か食べてしまう。
- エネルギー源が入ってこないので、疲れやすくなり、甘い物が欲しくなる。
- 栄養不足の状態では、脂肪は燃焼しにくく、非常用エネルギーとして脂肪を溜めやすくなる。
- 様々な食品やサプリメントの効果が半減してしまう。

じゅう毛をケアするためには?

腸内洗浄 ✕

腸内洗浄で洗えるのは大腸までで、肝心な小腸の洗浄はできない。

絶食療法 ✕

絶食すると栄養が入ってこないために、筋肉など体に必要な部分から落ちる。脂肪は最後まで燃焼されないので太りやすい体になる。食べないダイエットと同じ。

ハーブ療法 ○

体にいい影響を与えてくれる植物群の総称をハーブと呼び、日常的に使える最も安全な方法のひとつ。香味野菜は食事に取り入れやすい。

じゅう毛ケアも含めた消化器系にいいとされる代表的なハーブ

- **しょうが**
消化促進、循環器系強壮、抗菌、殺菌・血流改善
- **にんにく**
抗菌、抗酸化、疲労回復、血行促進、利尿作用、腸のサポート
- **ういきょう(フェンネル)**
腸内のガスを排出、肥満・便秘・むくみ・更年期障害の改善・鎮静作用
- **サンザシ**
消化促進、腸の蠕動運動を促進、血管拡張、血行促進
- **クルミ**
腸の動きと働きをアップ
- **パセリ**
粘膜保護・修復、抗酸化
- **ローズヒップ**
抗酸化、利尿作用、肝臓の強壮、疲労回復、夏バテ・便秘の改善
- **アルファルファ**
粘膜保護、血流改善
- **クレソン**
消化促進、胃腸の働きをサポート
- **オオバコ**
腸内の掃除、利尿作用
- **オーツ麦**
腸内の掃除、むくみ、血流改善
- **タンポポ**
消化促進、浄血作用、肝臓強壮、利尿、胆石・便秘・ニキビ・冷え性・ぜん息を改善

ハーブを含んだサプリメントを選ぶ。

現代の食生活ではなかなかハーブを十分にはとれない人も多いので、サプリメントをうまく活用してじゅう毛ケアを積極的に行うことも大切。

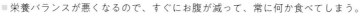

第6の栄養素『食物繊維』

水に溶けやすい
水溶性食物繊維

水に溶けにくい
不溶性食物繊維

の2つに分類される

私たちを取り巻く食物繊維の状況

現代は昔と比べると摂取量が20分の1に減っている（1日5g足りない）

≫

食の欧米化に伴って**大腸がんが増加**

水溶性食物繊維の働き

- 空腹感を紛らわせてくれる。
- 有害な物質の吸収を妨げて、便と一緒に排出。
- 大腸の粘膜を保護。
- 糖分の吸収速度を遅くし、食後の急激な血糖の上昇を防いでくれる。
- コレステロールの吸収を抑制し、動脈硬化の予防につながる。
- むくみの原因であるナトリウムと結合してむくみを軽減する。»サイズダウンやセルライト対策に有効。

水溶性食物繊維を含む食材

主に野菜、いも類、豆類、海藻類に多く含まれる

さつまいも

オクラ

にんじん

大麦／春菊／エシャロット／にんにく／ごぼう／納豆／切り干し大根／里いも／大和いも／なめこ／なめたけ／アボカド／のり／わかめ／ひじき／昆布／寒天／こんにゃく／ところてん など

不溶性食物繊維の働き

- 便の量を増やしたり、便を柔らかくしたりする»便秘の解消
- 腸内にこびりついた汚れをこそぎ落とす。
- ビフィズス菌などの善玉菌のエサとなり有害な腐敗ガスを無毒化。
- 脂肪に吸着し吸収を妨げてくれるので、多少の脂肪のカットにも役立つ。

不溶性食物繊維を含む食材

主に豆類に多く含まれる

枝豆

納豆

エリンギ

大豆／小豆／いんげん豆／ひよこ豆／えんどう豆／おから／みそ（米・麦）／栗／きくらげ／ごぼう／干しいたけ／かんぴょう／モロヘイヤ／抹茶／高菜漬け／アーモンド／ごまなど

便秘と食物繊維

食物繊維が不足し便秘になると

肌荒れ　イライラ　アレルギー　などの体の不調を引き起こしやすい。

糖尿病と食物繊維

水溶性の食物繊維は食後の血糖値の上昇を緩やかにするので、
糖尿病予防＆改善につながりやすい。

食物繊維とダイエット

食物繊維を積極的に摂取すれば、

食事の量が減っても便の量は増え、腸内環境がよくなる。

※食物繊維に頼っていると実は食欲を抑えられないことが多い。ミア式ダイエット中は、豆類で摂取。ダイエット成功後はバランスよく食べましょう。

ミア先生の100本ノック

小腸をハーブでケアする

食べたものを吸収する小腸には、栄養分をキャッチするじゅう毛が無数に生えています。ですが現代人はこのじゅう毛が正常に機能していない人がほとんどです。栄養を吸収しないまま放置すると栄養不足の状態が続き、空腹を感じやすくなったり、脂肪をためやすくなったりします。じゅう毛をケアするにはハーブをうまく使うのが◎。しょうがやねぎ、しそなどたんぱく質と相性のいいものもあるので、トッピングに使うのもいいですね。ただしハーブは刺激が強いので、摂り過ぎには気をつけてください。簡単なのはサプリメントやハーブティー。自分に合った方法で取り入れましょう。

食物繊維を味方につける

食物繊維は水に溶けやすい水溶性と、溶けにくい不溶性のものがあります。水溶性はねばりがあるので、空腹をまぎらわしてくれるのに役立ち、有害な物質の吸収と排出を助けてくれるので、デトックスにも効果があります。ほかにもコレステロールの抑制・吸収、セルライトの原因であるむくみの解消にも有効です。不溶性食物繊維は宿便の排出に一役買ってくれます。水溶性食物繊維も不溶性食物繊維も、どちらの成分も含まれているのは豆類です。

ダイエット後は健康的食生活に移行する

ダイエットが成功したら、健康的な食生活へと移行しましょう。失敗するダイエットの多くは、健康的食生活とダイエット生活を同時にやってしまうからうまくいかなくなってしまうんです。まずは、ダイエット生活で習慣づけを行い、自分の中の選択肢を変えていけるようになって、その後初めて健康的な食生活に移行できます。ダイエット中は大豆製品ばかりで飽きてしまうかもしれませんが、一生続くわけではありません。やせれば様々な食材、健康的なバランスのとれた食事を食べられるようになりますので安心してください。

食べても太らない体をつくる！

“やせる”を目標にしない

数字ばかり追いかけていると途中で嫌になったり、自分が何を目指しているのかを忘れて、ただ〝やせる〟を目指し始めてしまうことがあります。そうすると、何を食べたか・食べてないかということだけに意識が向いてしまう。でも大事なのは、食以外の「自分が何をしたのか」ということなのです。このダイエットは食事を正すのではなく、〝思考を正す〟ダイエット。自分の行動をやせる行動に変えられたのかが重要になります。そのひとつのきっかけが食事というだけなんです。自分のやりたいこと・やらなきゃいけないことに目を向けてダイエットを行っていきましょう。

できないことをクリアする行動をとる

ダイエットを始めたころは水を4ℓ飲めていたのに、最近は3ℓしか飲めなくなったという人が、「最近飲んでないから4ℓ飲む」を目標にするのは間違いです。まずはできなくなった理由を考えて、それをクリアするための行動に変えましょう。ただ目標を立てて達成する・しないではなく、必ず達成するために考えることが、今後のトレーニングにもなります。

食べたくなったら、考えるのをやめる

豆腐や納豆を多く食べていると、カリカリしたもの、食感のあるものが食べたくなるという人がいます。そういう人には「それについて考えるのをやめてください」と言います。そう思った瞬間に食べない選択をして、考えるのをやめる、これが正解です。仕事や、やらなければいけないことに集中して忘れるようにしたり、夜だったら、もう寝てしまったり。あれ食べたいこれ食べたいと思っている限り、ダイエットの呪縛から逃れることはできません。

迷ったら食べない選択を

これは食べていいものだっけ?と悩んだときには、食べないほうを選択しましょう。もう少し食べたいけれどどうしようかな?というときも同様です。「我慢」というイメージが強いかもしれませんが、食欲を正常に戻すための訓練中だと考えましょう。食べたくて食べたくて仕方がないというのは異常なことなんです。それでストレスがたまる、という人もいますが、これはいいストレスなので問題ありません。

＼ダイエットは
これを最後に！／

避けられるところでは絶対に避ける

例えば仕事上のつき合いとか、何かの記念日とかで、植物性たんぱく質以外のものの摂取をどうしても避けられない場面もありますね。それは仕方のないことかもしれません。ですが、だからこそそれ以外の場面では、きっちり避けて。避けられない状況で糖質などを摂ってしまう機会に備えて、普段はぐっと耐える！という意思を持ちましょう。

身につけたいのはコントロール力

日頃の意識・習慣を変えていけば、いつも自分でベストな選択がちゃんとできるようになります。それが、コントロール力です。ダイエットの最大の難所かもしれませんが、やると決めたらあとはそれを実行していくだけです。目の前に出されても「いらない」と言う勇気。ほかの人が食べているからといって、つられて自分まで食べる必要はないということを理解してください。

ハツエ日記

今週から実行する行動習慣

□たくさん水を飲む

□散歩をする

□たんぱく質2品の食事にする

1日目　明日は1年に1度あるかないかの大変点数の多い撮影があるので、朝もう悪夢で目が覚めた。買い物に行って仕込みをして、大慌てでミア先生のところへ。辛うじて今回もやせていた、危なかった。このところすっかり朝は果物のみ、あとは豆腐中心になった。今日は豆腐そうめんのにゅうめん風。えびをトッピング。

2日目　長時間の撮影終了！　朝から晩までよく働いた。昨日真面目に準備して、レシピもあらかじめパソコン入力しておいてよかった。終わってから原稿をまとめるのって絶対無理だったから。だから今は自分を褒めたい。いいえびが少し余ったので、オリーブオイルでにんにくソテー。ぷりぷりでおいしくて一気に食べて、写真撮るのを忘れた。爽快な気分で最初は炭酸水にしていたものの、2、3杯目はウイスキーを入れてしまった。今日だけは許してー！

3日目　私がダイエット中ということを知っている友人が来た。肉豆腐を作る。肉豆腐ってちょうどいい。少し上等の牛肉で作って、人には牛肉を多めにあげれば、なんだか喜ばれる。私は牛肉のうまみを吸った豆腐を食べればいいのだから、一人飯では味わえない喜びだ。もちろん牛肉も1～2切れは食べる。あとは、ゆで大豆とひじき、ツナのゆかりマヨあえ、豆あじの南蛮漬けなども出した。

4日目 昨夜は夕飯を食べたらどうしようもない眠気に襲われ、気がついたら12時間寝ていた。風邪をひいて以来こんなに寝たことないのでびっくり。今日は友人が韓国からキンパを持ってきてくれた。申し訳ないと思いつつ、のりをご飯からはがすようにしていただく。夜も韓国納豆チョングッチャンに豆腐などを組み合わせて汁を作った。いろいろな納豆でついつい試したくなる。先生は「これ以上研究しなくていい。必要以上に食べちゃうから」と言っていたけれど。

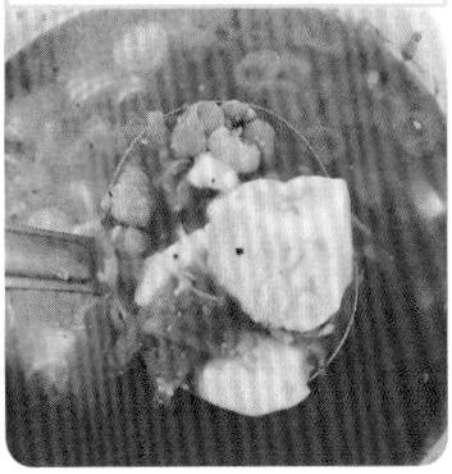

5日目 夜は外食なので、昼は家で豆腐ごはん。豆腐そうめんにしらす干しと納豆をのせたもの、以上。夜は渋谷のインド料理店へ。初めて行ったけれど、インドのフュージョンにしては味がとってもいい。しかし、罪悪感に苛まれながらいただくとせっかくの料理も堪能できない。こんな生活から早く脱したい。

6日目 家で体重を測ったら……当然増えていた。胃も痛い。お昼を豆腐だけ、それも少なめにして食べたら、胃も落ち着いた。夜は近所の居酒屋へ。今年初のホヤを食べてご機嫌、あじのたたきも最高。もっといろいろ食べたいけれど、我慢して家路に着く。以前の私ならコンビニでおにぎりを買って食べながら帰ったけれど、とにかく我慢なのだ。

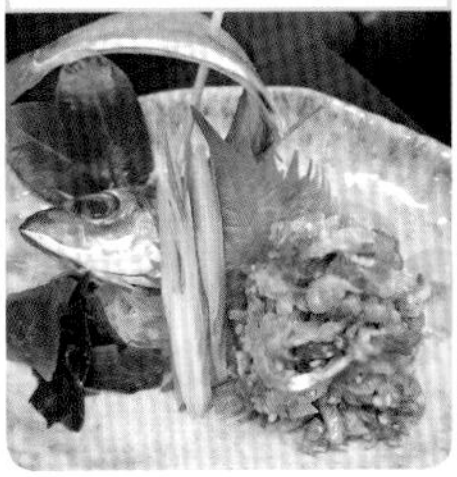

7日目 午前中からワインを試飲しながらの打ち合わせ。来週、再来週はかなり外食が増えるので、家にいるときはなるべく食べる量も減らさないとなぁ。なんせ編集Mさんに10キロやせろなんて言われたからなぁ。とりあえず昼は納豆汁の残り、夜は大豆テンペで乗り切る。昨日今日といまひとつな出来事があり、心がざわつくけれど、やけ食いもできないので寝るしかない。

ダイエットと運動の関係とデトックス

8週目

ダイエット中の運動には注意が必要です。まずは運動よりも、脂肪のつまりを取るため、デトックスを意識した食生活を心がけましょう。

運動が消費してくれるカロリーは思いのほか少ない

1時間あたりの消費カロリー（20〜30代で体重55㎏ぐらいの場合）

ウォーキング» 150 kcal
エアロビクス» 300 kcal
自転車漕ぎ» 240 kcal
ジョギング» 386 kcal
踏み台昇降» 310 kcal
平泳ぎ» 601 kcal
腹筋» 472 kcal
クロール» 1140 kcal

運動量に対して消費カロリーは少ない。

食事を運動量に置き換えると？

ご飯一杯（並盛）250kcalを
消費するには
ウォーキング 1時間40分

チーズバーガー、ポテトM、コーラMの
セット 884kcalを消費するには
エアロビクス 約3時間

ショートケーキ 344kcal» ジョギング 54分
カップ焼きそば 543kcal» 平泳ぎ 54分
和風明太パスタ 474kcal» 腹筋 1時間

運動は、健康のためには非常に大事。
でも消費カロリーを高めるだけの運動はダイエットに向かない。

運動の落とし穴

①運動した！という油断

「運動したから……」とついつい食べてしまう。運動したことによるご褒美を自分にあげたくなってしまう。

②運動が食欲を刺激

運動すると体がエネルギーを求め、食欲が増す。また有酸素運動後では、消費カロリーよりも多くカロリーを摂取する傾向にある。

③急な激しい運動は、体を省エネモードに切り替える。

- 急にハードになった「非常事態」に体が驚いて、少ないエネルギーでたくさん活動できるように生存本能が働き、基礎代謝が一時ダウン。
- 運動をやめると消費カロリーが減り、その分が体重を増やす方に加算。
- 太りやすい体に変化してしまう。

ダイエットのために運動するなら筋力トレーニング

消費カロリーを高めるためではなく、筋肉を増やすために運動をする。

筋肉が増えると

基礎代謝がアップする

筋肉と基礎代謝量は比例関係。筋肉は消費カロリーの主役。

正しい姿勢を保てる

正しい姿勢をキープするにもエネルギーは使われ、消費エネルギーがアップ。

脂肪を支えて垂れるのを防ぐ

筋肉は脂肪を支えるのでバストやヒップの位置がアップ！

体力がついて活動量が増える

歩くなど、普段の動きも楽にでき、疲れにくくなるので、自然と活動量が増え、消費エネルギーがアップ。

毒素は脂肪に蓄積される

現代生活の中で日本人は、
食品添加物や保存料、残留農薬を多く摂取している。

化学物質は食品の脂肪の中に溶け込み、体内に入ると脂肪と一緒に私たちの体の中に蓄積。

次の症状がある人は **要注意**

倦怠感、頭痛、肩こり、冷え性、肌荒れ、内臓の機能障害、花粉症、アトピー性皮膚炎、その他のアレルギー症状など。

活性酸素

- 蓄積された化学物質に毒性があると、その物質が日々、私たちの体を攻撃››健康を害する。
- 化学物質自体に毒性がなくても、体内に入った酸素が蓄積されている化学物質と結合することで、体内で「活性酸素」を生み出す››より健康を害する。

空気による酸化

りんごの変色は細胞膜が酸化し破壊されたために起こる。鉄さえも酸化により錆びて脆くなる。

活性酸素が体内で発生する ›› 強力な酸化力で細胞が傷つけられる

≫

老化が大幅に進む

デトックスの基本はダイエット

化学物質の蓄積変化

ダイエットによって摂取量が減少

≫

有害物の **供給源を大幅カット**

化学物質は脂肪とともに体に蓄積するが、減量で脂肪を落とせば体内に蓄積された化学物資の量も同時に減少。

- 化学物質の供給量が減って蓄積量が減れば活性酸素の発生量も減り、活性酸素が原因で起こる弊害も予防。
- ダイエットをして脂肪を落とすというのはデトックスの基本。

デトックスを意識した食生活のポイント

① 食材選び

- **食品を手にする時に食品表示をチェック**

保存料や添加物を多く使った食品を選ばない。

- **食材の産地や質に徹底的にこだわる**

ただし、そういう食材は通常のものより値段が高い。

- **脂肪の多い部位は極力避ける**

有害物質は脂肪にたまりやすい。

※サプリメントなどを活用するのもひとつの方法。

② 調理法の工夫と食べ方

■野菜は流水でしっかり洗う

洗うことで農薬などはかなり落とすことができる。

■にんにくやねぎ、しょうがを薬味に使う

香味野菜は殺菌・解毒などのデトックスの効果が高い。

■肉、魚、野菜は一度湯通しする

洗うのと同様に毒素を落とす効果大。

■よく噛んで食べる

唾液には解毒や殺菌作用があり、よく噛むことによって唾液がたくさん分泌。また、よく噛んで食べると、少量で満足感を得られて、ダイエットにも効果的。

③ 水分補給を心がける

- 尿からも有害物質や塩分、老廃物、食品添加物を排出することができる。
- 脂肪に蓄積された化学物質は燃えずに、いったん血液中に流れ込むので、体の外に出すためには、水分を十分に補給し、尿の排出を促すことが必要。
- 水分をとると、腸の働きと代謝効果が高まり、便秘の解消にも役立つ。便秘の解消はダイエットにもデトックスにもとても重要。
- 水分をとると、汗もよく出るようになるので、皮下の老廃物を体外に排出することができる。
- 水を飲んで代謝を上げることは、同時に脂肪の燃焼速度も高めるので、水分補給はダイエットにも大切。

※人間の体は成人で約60%が水分。この水分を適切に循環させることが、デトックスにも健康な体にも大事。

第7の栄養素『ファイトケミカル』

植物が紫外線や虫などの害から自らを守るために作り出した物質

- 果物や野菜の色素や香り、辛味成分などに含まれる。種類が多く栄養効果も多彩。
- 活性酸素から体を守る抗酸化作用が高く、体が酸化（錆びて老化する）するのを防ぐ。

ファイトケミカルを多く含む、代表的な食材

大豆／にんじん／玉ねぎ／かぼちゃ／とうもろこし／トマト／ほうれん草／よもぎ／しそ／にんにく／しょうが／ごま／緑茶／りんご／ぶどう／ブルーベリー／すいか／柑橘類

血液中で毒素を吸着し排出する食材	腸内で毒素を吸着して排出する食材	肝臓での解毒機能を強化する食材	体内の活性酵素を除去する食材
にんにく、玉ねぎ、ブロッコリー、ネギ、ほうれん草、大豆、りんごなど	ごぼう、オクラ、れんこん、こんにゃく、トマト、海藻、玄米など	玉ねぎ、キャベツ、ブロッコリー、にんにく、大根、わさびなど	にんじん、トマト、ほうれん草、春菊、ブロッコリー、ごま、みそなど

デトックスで活性酸素を撃退

▼体内での酸化を活性酸素による酸化といいます。活性酸素が発生すると体の中が傷つき、せっかく体内に取り込んだたんぱく質が傷の修復に使われ、やせにくくなってしまいます。また、シミ・シワができたり、アトピー性皮膚炎になってしまったり、老化の原因にもなります。活性酸素は体に蓄積された毒素からでるので、デトックスが非常に重要になります。

運動を習慣づけるにはタイミングを決めること

▼運動をしようと考えても持続するのはなかなか難しいですよね。例えばラジオ体操をやろうと決めても、しっかりやらなきゃと思うと30分ぐらいかかるイメージで腰が重くなってしまいます。でも実際は5~10分で終わりますよね。やれば早く終わるのに、イメージによってなかなか取りかかることができなかったりするんです。運動が習慣づくまでは、行うタイミングを先に決めてしまうのが効果的です。朝起きて口ゆすいだらやるとか、着替える前とか、お風呂の前とか。「ラジオ体操をしないと着替えられない」などと考えるようにすると習慣づけに役立ちます。

デトックスをしないとトラブルの原因になる

▼食品添加物や保存料はだいたい脂溶性。脂に溶けやすい性質を持っていて、体の中に蓄積されます。体脂肪が多いと、入ってきたものがダイレクトに脂肪の中に溶け込んでいくようになってしまいます。もともと体は余計なものを体の外に出すようにできていますが、口から入ってくるものが多いと処理しきれなくなり、太りやすくなります。また、肩こり・冷え性・肌荒れなどのトラブルを引き起こす原因にもなります。これらを避けるためには、やはりデトックスが必要になります。

デトックスの基本はダイエット

▼ダイエットをすると、まず食生活の改善が行われますよね。食生活を改善するということは、化学物質や添加物が体に入ってくる量を少なくする、ということ。すると自然と今まで体にたまってきた毒素を出しやすくなっていきます。それを繰り返しつつやせたとき、毒素を排出しやすい体になっているんです。デトックスとダイエットは密接な関係にあるのです。

運動のハードルを下げる

▼例えばジョギングがダイエットに効果的だと頭ではわかっていても、「じゃあ、やろう」という気持ちにまでなかなかなれなかったりしますよね。そういう時はすぐに解決法を考えましょう。走るのが無理だったら、散歩だけなら行けるかな、と代替案を考えてみる。しっかりやらなきゃと思うからハードルが高くなってしまうんです。まずはハードルを下げましょう。そう

して続けていくと、天気がよかったとか、なんだか体の調子がいいぞとか、そういうなんでもないことがやる気を後押ししてくれる時が、ふとやってきます。

運動でカロリー消費を期待しない

ダイエットには運動がつきものだと考えられがちですが、実は運動によるカロリー消費って残念ながらすごく少ないんです。例えばご飯1杯のカロリーを燃やすためには1時間40分のウォーキングをしなければいけません。ファストフードならエアロビクス3時間分にも相当します。人間は少ないカロリーでたくさん動ける効率のよいつくりになっているので、運動はダイエットに不向き。効果を期待するならこれ以上脂肪がつかないようにすること。動かしている部分は脂肪がつかなくなるため、現状維持のために活用しましょう。本格的な運動はやせてからでも大丈夫です。

運動は街中をジムにして

ダイエット中の運動は、なくなってしまった筋肉を作って増やすことから始めます。そのためには、ジムに行くよりも、街中をジムに見立てて生活するのがオススメです。階段を使う。家の中で踏み台昇降をする。いつもより早く動く。座る・立つ・歩く姿勢に気をつける。これだけでも筋肉を作ることができ、基礎代謝が上がっていきますよ。

ストレッチで縮みをストップ

人間は、年齢を重ねるごとに縮んでいきます。特に関節が縮んでしまうと、可動域が少なくなります。すると動きが小さくなり、カロリー消費も減ってしまうんです。日々ストレッチを取り入れて柔軟性を高めておけば、消費カロリーもおのずと多くなります。体が柔らかいほうが筋肉も強くなり、やせたときにしなやかな体を作ることができます。

2ヵ月過ぎたころにやせやすい体ができ始める

2ヵ月間、植物性たんぱく質を意識した食生活をしていると、結構筋肉が作られてきます。だからそのころには、ちょっと食べても筋肉が頑張ってカロリーを燃やしてくれるようになります。そうなると心配なのが油断と食べ過ぎです。ちょっと食べても大丈夫だからとつまみ食いや植物性たんぱく質以外のものを日常的に食べるようになれば、元通りになってしまうのもあっという間です。それでは、せっかく2ヵ月間積み立ててきたものが無駄になりかねません。ゴールまでは気が緩まないように、引き締めていきましょう。

腹筋のガードルをつける

ダイエットのために鍛えておきたいのが、腹筋です。腹筋を鍛えておくと、食べ物をたくさん入れられなくなります。つまり、腹筋のガードルを作ることができるんです。

ハツエ日記

今週から実行する行動習慣

□ストレッチをする
□散歩に行く時間をつくる
□お酒を飲みたくなったら水を飲む

1日目

測定の日。体重が減っていますようにと、昼は豆腐だけ。水をたくさん飲むのが鉄則だけど、15時くらいからは飲まずに備える（先生、すいません）。そんなわけで今週も減っていた。とにかく減っているというだけでやる気になるから。1食に食べる料理は2品までと言われているので、夜はいつも別に食べているのりを、豆腐そうめんの上にちぎって納豆も入れて食べた。もう1品は刺し身。

2日目

撮影が長引いて、食事会の開始時間を遅らせてもらう。本当は遅い時間の食事はNGなんだけど仕方ない。今日は、ずいぶん前から通っている西荻窪の馴染みの店へ。メニューには山菜が山盛りで、野菜はNGだと思いつつ、つい箸がのびる。でも、この店にはいつも絶対刺し身があるし、豆腐サラダも定番だし（野菜もふんだんに盛り合わせてるけれど）、厚揚げ焼きなんかもあるから、ダイエット期間中でもいい感じ。ストレスなくおいしくいただける。

3日目

雑誌のイベントで秋葉原へ。どうせ炭水化物しかないとわかっていたので、朝食はバナナのみで済ませ、きっと混むだろうと思って早めに家を出る。案の定、会場はものすごく混んでいて、食べる量を小盛りにしたのでお腹が減って仕方ない。その足で、昼過ぎの数時間しか空いていないという祐天寺の焼き鳥屋に行き、小腹を満たす。夜は中華。豆腐干絲（豆腐を干して細切りにしたもの）を多めにいただき、水餃子は食べなかった、麺は一口だけにした（汗）。

2ヵ月(ワンクール)が終了

ワンクールのレッスンが終わった。ここまでマイナス6・65kg。まぁ頑張ったのではないかと思うけれど、もっとできたかなという反省もある。みんなで居酒屋へ。ダイエット生活が終わったら何が食べたいかについて、刺し盛りをつつきながら盛り上がる。「私はピザ。普通のじゃなくて土台が分厚くて、チーズがとろーっと溶けてるやつ!」。ホントに食べたくなってきた。

4日目 ワインセラーをこれまでの5倍くらい収納できるものに買い替えた。連休なのに旅行も行けない、だって私の旅行は食べるためにあるから。よってその予算でワインセラーを買ったというわけ。午前中に配送と聞いていたから早めに起きてワインの整理と掃除。昼は豆腐で済ませた。夜は友人の誘いを断りきれずに外食。ミア先生ならきっと断ると思うけれど、私はなかなかできない……。

5日目 起きたら頭が痛い。最近思うのが、ダイエット中っていつもより少食なので、お酒が回るのが早いんだよなぁ。そもそもお酒はNGだけど。そんなわけで今日もちょっと二日酔い。昼は豆腐めんと豆乳がセットになった冷麺風。キムチをちょこっとのっけて食べた。夜は定例会になっているイタリアンへ。一日のうちでバランスをとるしかない。

6日目 家にずっといた。主にメニュー案の作成と校正。それから、ぐちゃぐちゃになっていた奥の部屋の掃除。ダメだ、散歩くらい行かなくちゃと思ったけれど、外が雨だったのでやめる。これが私なんですよ、ええ。せめてもの罪滅ぼし(?)に、夜は冷蔵庫にあったちょっといいえびで温かい汁ものを作り、あとは納豆。

7日目 恐る恐る体重計に乗ってみたら、予想外にやせていたので逆に調子に乗ってしまいそうで怖い。今日も家にいる日だったので昼は少なめに食べたらなんだか夜はあれもこれもと弾みがついていろいろつまんでしまった。友人が急に来たけれど、お酒を飲まない人なのでありがたい。お茶をガブガブ飲んでお開き。

ハツエ日記

今週から実行する行動習慣

□水を1日3リットル飲む
□禁酒をする
□朝起きたらまず体操
□駅では階段を使う
□12時までに寝る
□7時台に起きる

第9週1日目

今日は友人のイベントで桃パフェを食べる予定なので、朝は何も食べずに向かう。まぁアイスもクリームものっかってるけれど、朝は果物が許されているのでよしとする（勝手すぎる）。夕方、ミア先生のところへ。測定したら……やせていた！ あと1ヵ月、明日からまた新たな気持ちで頑張ろう！

第9週5日目

一昨日から仕事で新潟。今日は長岡市にある巨大な油揚げで有名な栃尾地区へ。人気の店を3軒はしご。揚げたての油揚げや厚揚げを堪能した。幸いなことにどこも定食タイプではなく純粋に油揚げを食べさせる店だったのでラッキーだった。油揚げだけでなく、豆腐やおからも入手。

第10週1日目

10週目に突入、測定したら1キロやせていた！ 多分あと2キロくらいで目標に到達だけど、まだいろいろと試練が待ち受けているので気を引き締めないと。先生にも「追い込んで！」とカツを入れられた。1度や2度たくさん食べても大丈夫だしーと思いがちなのでいかん、いかん。そんなわけで夜は栃尾の油揚げに納豆をはさんで焼いて、玉ねぎとおかかを少し。

第10週7日目

打ち合わせのあと眠くなって昼寝。炭水化物をとると眠くなると言うけれど、昼食が豆腐だけでも眠くなるし、全く関係ないように思う。夜も豆腐をステーキにし、大根おろし、しらす干しと青じそをのせた。薬味が多すぎで注意されそうだけれど、このくらい大目にみてもらおう。

第11週1日目

今日のレッスンはマンガ家の小波田えまさんも同行。彼女の口から出る質問が料理人間な私たちと違ってなんか新鮮である。今日の先生は風邪気味とのことでテンション低め。えまさんにはもっと明るいいつもの先生を見せたかったなぁ。禁酒という壮大な目標を立てたけれど、果たしてどのくらい守れるか。

第11週7日目

毎年恒例のさくらんぼ狩りに。みんなは朝食を食べていたけれど、私は、さくらんぼに集中するため、とかなんとか言って食べない。毎年同じ場所での収穫なので、慣れた手つきで佐藤錦をたらふく食べる我々。ついでにご好意で梅とあんずもとらせていただいた。ミア式は16時まで果物OK!

第12週1日目

今日はご飯の撮影。この依頼が来たときすごく迷ったけれど受けちゃった。夕方に先生のところへ。なんとか体重は落ちていた。そのあと、この本の打ち合わせ。テーブルが広くてお酒を注文しなくていいファミレスを選んだけれど、OK食材は少ない。飽きずに続けられる豆腐メニューを考えたから、この本を買った人はすぐ取り入れられると思う。よい本になるよう頑張ろう。

第12週2日目

今日から3日間ボクサーばりの減量を、と思っていたのに友人が来たので諦める。とはいえ、私は冷奴とえびのサラダが主菜。ちょうど奈良から野菜が送られてきたので、なすとズッキーニをみそ炒めに。少しは食べても大丈夫だろうとちょっと口に運ぶ。最初から最後までそんな感じだったけど、それでもだらしないなりに頑張った3ヵ月であった。最終撮影、測定まであと2日。

3ヵ月が終了

ついに最終日。10キロと150gやせた! 一緒にダイエットをした編集さんとライターさんも10キロ近く減ったみたい。すごいなぁ、3ヵ月でこんな数字が出せるなんて10年ぶりだろうか。お疲れさま会と明後日からの料理ページ撮影打ち合わせを兼ねて、駅前の居酒屋へ。ここへ来ることも当分ないだろうなぁ。刺し身もおいしいしお酒もすすむ。あ、また飲んじゃった。

ミア式ダイエットを3ヵ月実践した
ハツエさんのビフォーアフター

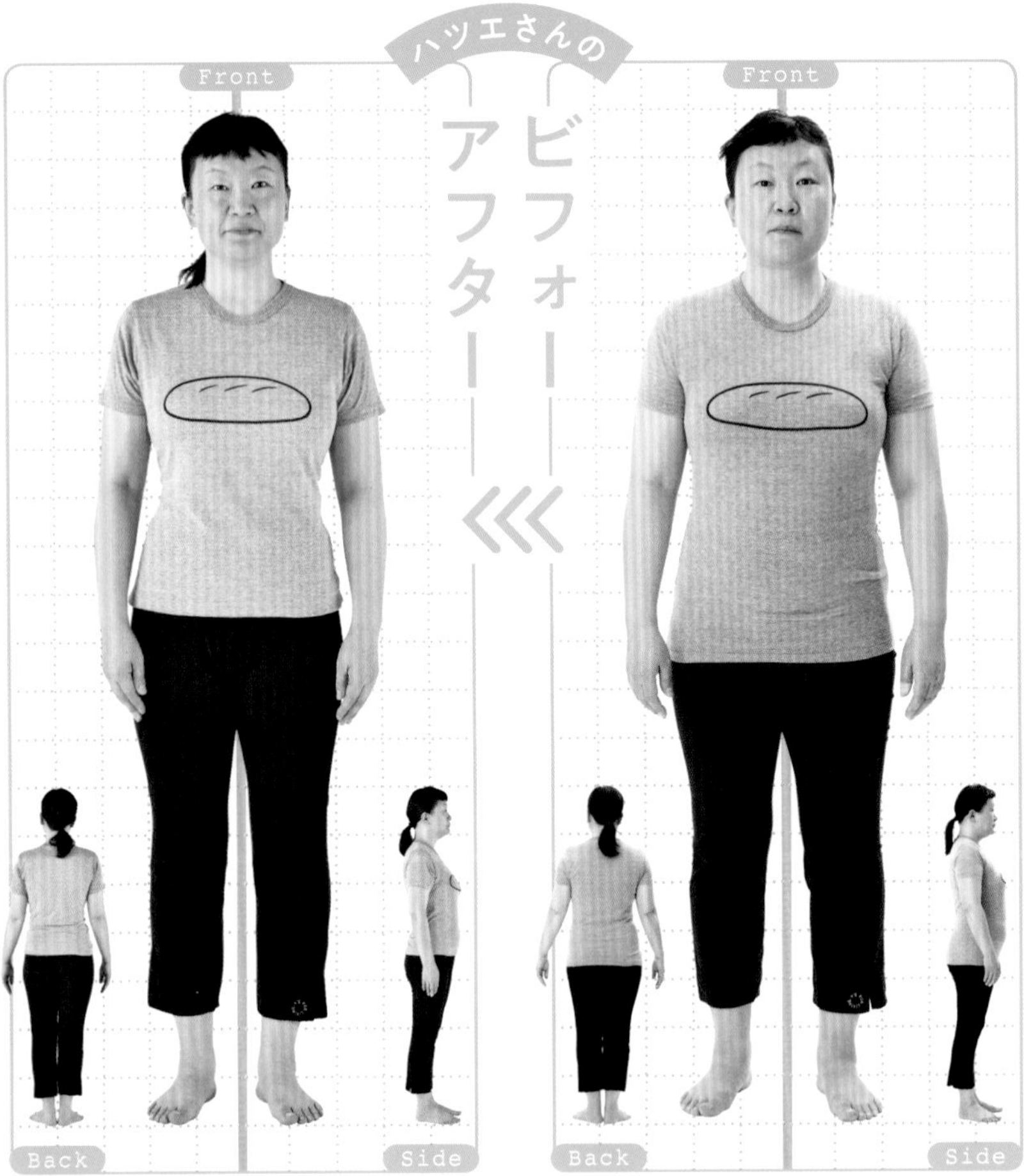

ウィークリーチェック表		体重 kg	アンダーバスト cm	ウエスト cm	ヒップ cm	太もも cm	体脂肪率 %	内臓脂肪 レベル	筋肉量 kg	基礎代謝 kcal	体内年齢 才
開始時	1週目	71.00	85.5	97.0	101.8	58.5	40.7	10.5	39.55	1283	64
	2週目	70.40	85.0	96.0	99.8	58.4	39.9	10.5	39.75	1284	62
	3週目	70.15	85.5	95.5	99.4	57.6	39.0	9.5	40.20	1295	59
	4週目	69.70	84.0	95.7	100.0	57.8	38.8	9.5	40.10	1289	59
1カ月変化トータル		-1.30	-1.5	-1.3	-1.8	-0.7	-1.9	-1.0	+0.55	+6	-5
	5週目	68.15	81.5	94.0	98.5	57.8	38.5	9.0	39.40	1263	58
	6週目	67.50	80.7	93.7	99.0	57.6	38.6	9.5	38.95	1249	59
	7週目	65.85	78.9	93.0	97.0	53.4	36.0	8.0	39.65	1258	52
	8週目	64.35	78.3	89.0	95.2	54.1	35.4	7.5	39.10	1236	51
2カ月変化トータル		-6.65	-7.2	-8.0	-6.6	-4.4	-5.3	-3.0	-0.45	-47	-13
	9週目	63.85	78.4	87.9	95.0	53.7	32.4	6.5	40.60	1270	44
	10週目	62.75	77.5	87.9	94.4	53.5	32.3	6.5	39.90	1248	44
	11週目	61.95	77.0	87.4	93.5	53.4	30.7	6.0	40.30	1253	40
終了時	12週目	60.85	77.0	85.0	93.0	53.0	30.8	6.0	39.80	1236	40
3カ月変化トータル		-10.15	-8.5	-12.0	-8.8	-5.5	-9.9	-4.5	+0.25	-47	-24

PART 2

ミア式ダイエットを成功させる

おすすめ食材&料理編

短期集中型のミア式ダイエットでは何を食べるかが大事。
Part 2では、ダイエットに成功した料理研究家・重信初江さんの
特選レシピを公開。飽きずに続けられるアイデアがいっぱいです。
また、おすすめ食材とカロリー&たんぱく質量も紹介。
知っておくと食べるときの目安になります。

知っておきたい
食材のたんぱく質&カロリーDATA

※たんぱく質、エネルギーは、特にことわりのない場合、可食部100g当たりの数値です。
※『日本食品標準成分表2015年版（七訂）追補2018年』をもとに算出。

大豆製品

木綿豆腐
たんぱく質» 7.0g
エネルギー» 80kcal

厚揚げ
たんぱく質» 10.7g
エネルギー» 150kcal

焼き豆腐
たんぱく質» 7.8g
エネルギー» 88kcal

絹ごし豆腐
たんぱく質» 5.3g
エネルギー» 62kcal

油揚げ
たんぱく質» 23.4g
エネルギー» 410kcal

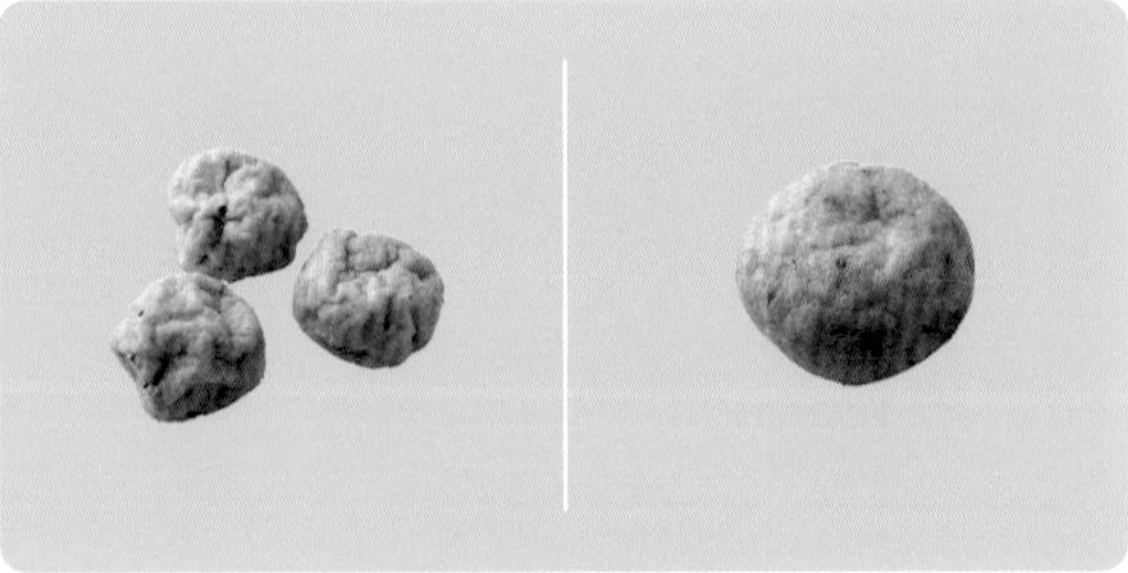

がんもどき（大・小）
たんぱく質» 15.3g
エネルギー» 228kcal

おから（生）

たんぱく質» 6.1g

エネルギー» 111kcal

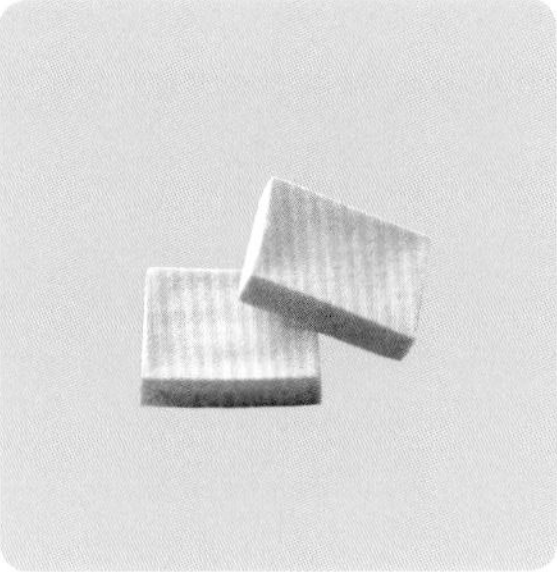

高野豆腐（乾物）

たんぱく質» 50.5g

エネルギー» 536kcal

松山あげ

たんぱく質» 2.2g

エネルギー» 116kcal

※1食分15gあたり

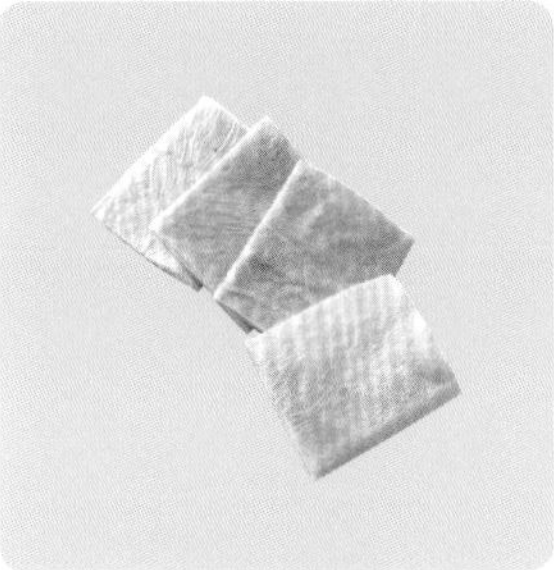

湯葉（乾燥）

たんぱく質» 50.4g

エネルギー» 530kcal

湯葉（生）

たんぱく質» 21.8g

エネルギー» 231kcal

きな粉

たんぱく質» 36.7g

エネルギー» 450kcal

納豆（ひきわり）

たんぱく質» 16.6g

エネルギー» 194kcal

納豆（大・中・小粒）

たんぱく質» 16.6g

エネルギー» 200kcal

とうふそうめん風

たんぱく質» 5.6 g

エネルギー» 85 kcal

※1袋150 g当たり。つゆ含まず

大豆テンペ（黒）

たんぱく質» 17.3 g

エネルギー» 170 kcal

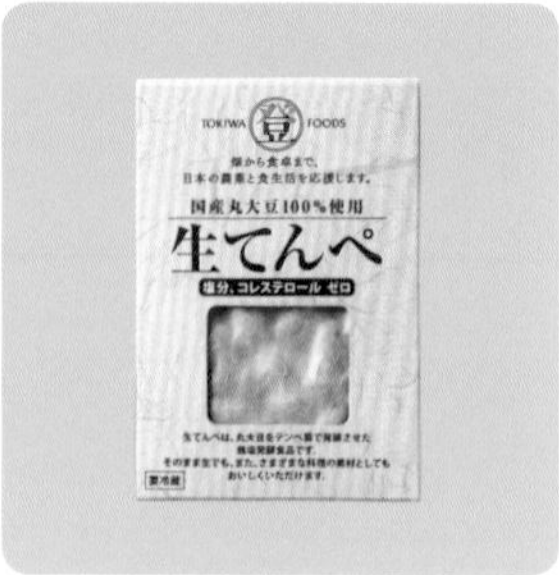

大豆テンペ（白）

たんぱく質» 16.3 g

エネルギー» 173 kcal

豆乳マヨネーズ

たんぱく質» 0.2 g

エネルギー» 79 kcal

※1食分15 g当たり

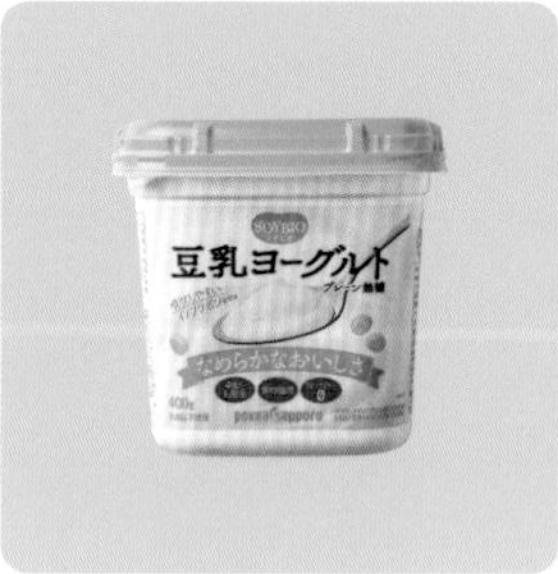

豆乳ヨーグルト

たんぱく質» 3.9 g

エネルギー» 49 kcal

豆乳（無調整）

たんぱく質» 3.6 g

エネルギー» 46 kcal

蒸し大豆

たんぱく質» 16.6 g

エネルギー» 205 kcal

炒り大豆

たんぱく質» 37.5 g

エネルギー» 439 kcal

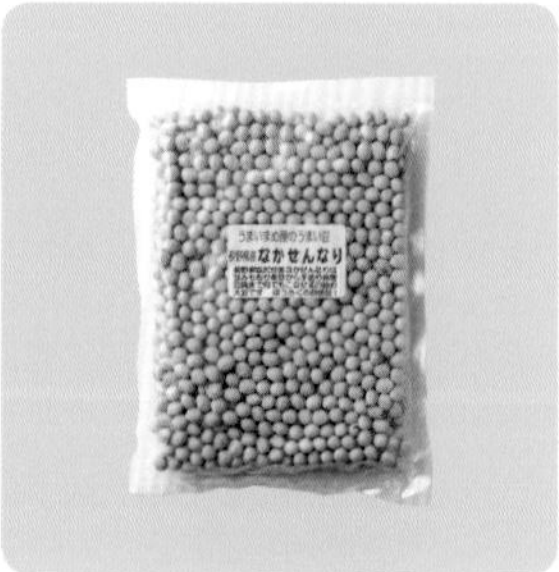

大豆（乾物）

たんぱく質» 33.8 g

エネルギー» 422 kcal

白いんげん豆水煮（缶詰）

たんぱく質» 9.3 g

エネルギー» 147 kcal

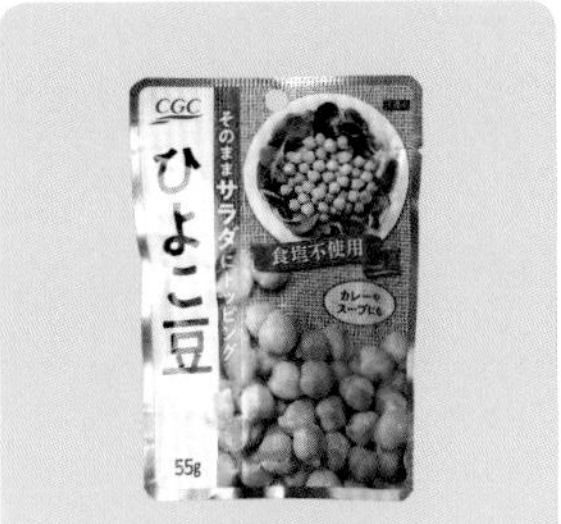

※1袋55 g当たり

蒸しひよこ豆（レトルトパウチ）

たんぱく質» 9.5 g

エネルギー» 171 kcal

※1袋55 g当たり

蒸しミックスビーンズ（レトルトパウチ）

たんぱく質» 4.8 g

エネルギー» 73 kcal

あずき水煮（レトルトパウチ）

たんぱく質» 8.6 g

エネルギー» 146 kcal

金時豆水煮（レトルトパウチ）

たんぱく質» 9.3 g

エネルギー» 147 kcal

キドニービーンズ水煮（缶詰）

たんぱく質» 9.3 g

エネルギー» 147 kcal

枝豆（冷凍）

たんぱく質» 13.0 g

エネルギー» 159 kcal

枝豆（ゆで）

たんぱく質» 11.5 g

エネルギー» 134 kcal

グリーンピース（冷凍）

たんぱく質» 5.8 g

エネルギー» 98 kcal

生鮭（紅鮭）

たんぱく質》 22.5 g

エネルギー》 138 kcal

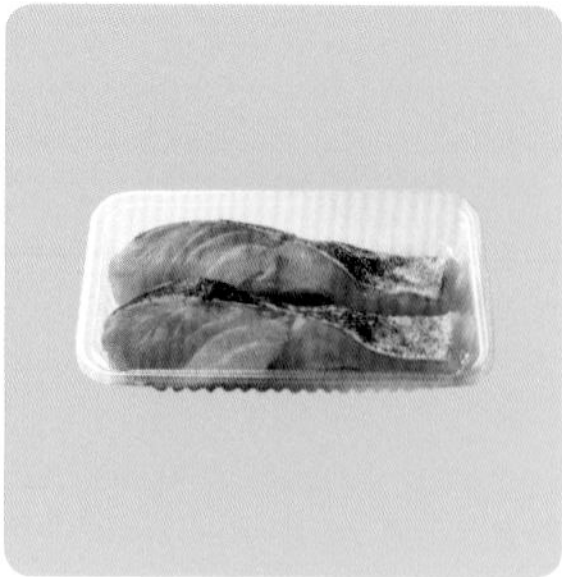

生たら

たんぱく質》 17.6 g

エネルギー》 77 kcal

あじ

たんぱく質》 19.7 g

エネルギー》 126 kcal

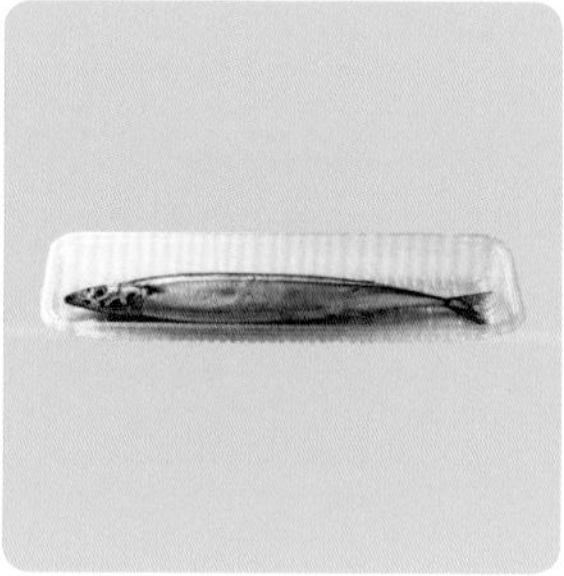

さんま

たんぱく質》 18.1 g

エネルギー》 318 kcal

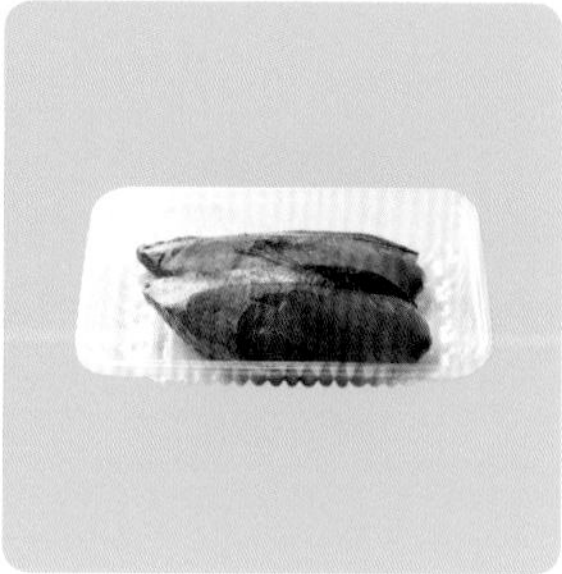

ぶり

たんぱく質》 21.4 g

エネルギー》 257 kcal

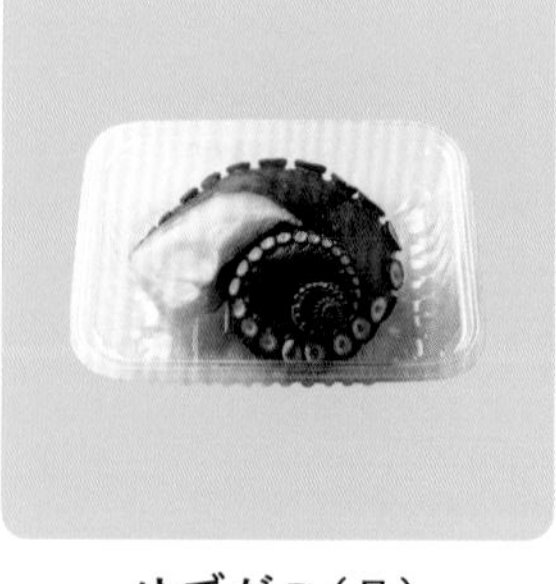

ゆでだこ（足）

たんぱく質》 16.4 g

エネルギー》 76 kcal

むきえび、えび（バナメイえび）

たんぱく質》 19.6 g

エネルギー》 91 kcal

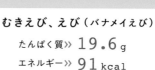

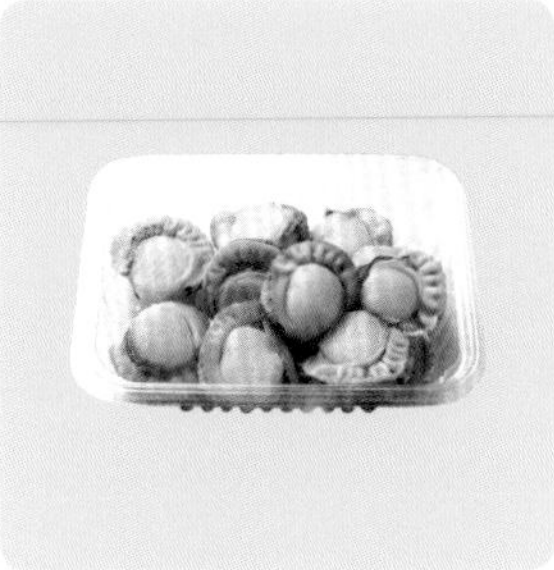

ベビー帆立て（ボイル）
たんぱく質» 17.6 g
エネルギー» 100 kcal

帆立貝柱
たんぱく質» 16.9 g
エネルギー» 88 kcal

あさり（殻つき）
たんぱく質» 6.0 g
エネルギー» 30 kcal

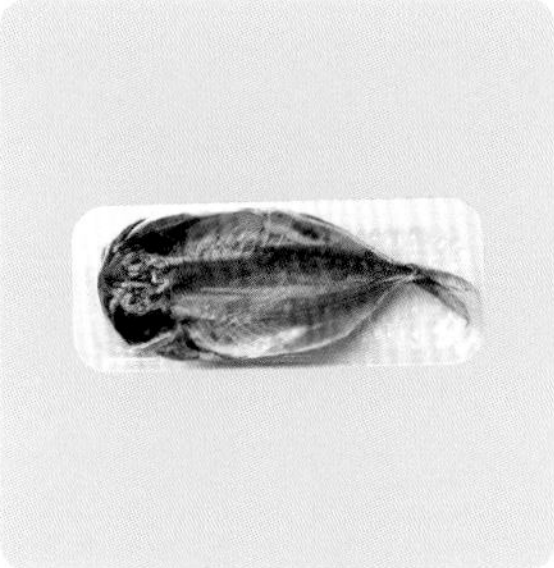

あじの干物
たんぱく質» 22.9 g
エネルギー» 155 kcal

明太子
たんぱく質» 21.0 g
エネルギー» 126 kcal

たらこ
たんぱく質» 24.0 g
エネルギー» 140 kcal

たたみいわし
たんぱく質» 75.1 g
エネルギー» 372 kcal

じゃこ
たんぱく質» 40.5 g
エネルギー» 206 kcal

しらす干し
たんぱく質» 23.1 g
エネルギー» 113 kcal

刺し身（さく）

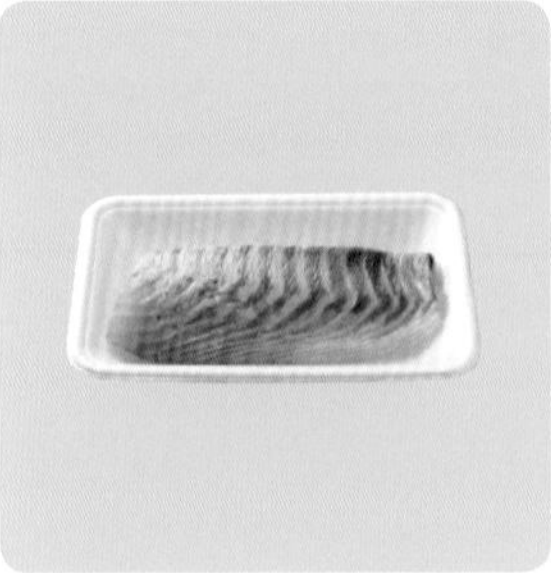

鯛（皮なし 刺し身）

たんぱく質» 21.2 g

エネルギー» 146 kcal

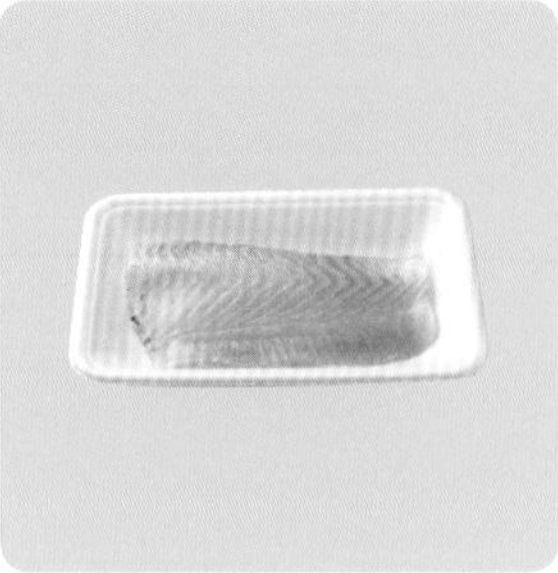

ひらめ（皮なし 刺し身）

たんぱく質» 21.2 g

エネルギー» 113 kcal

まぐろ赤身（くろまぐろ）

たんぱく質» 26.4 g

エネルギー» 125 kcal

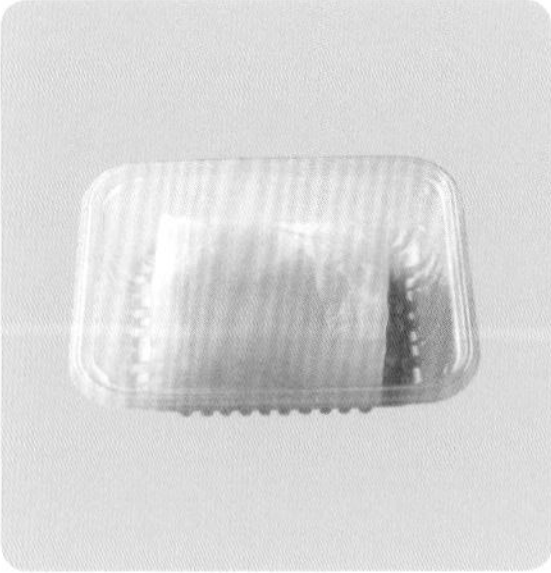

いか

たんぱく質» 17.9 g

エネルギー» 83 kcal

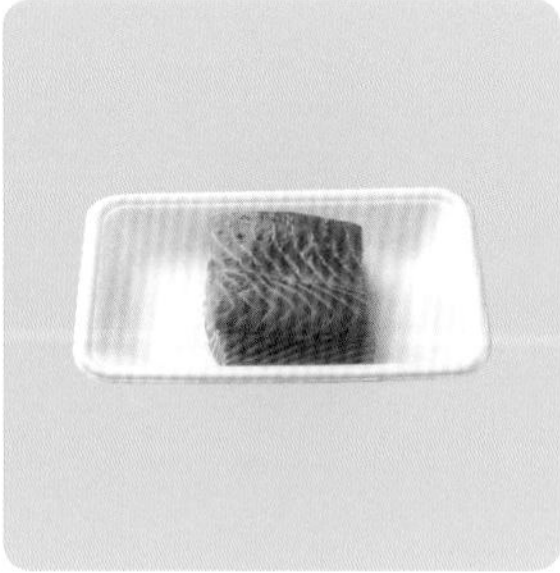

サーモン（皮なし 刺し身）

たんぱく質» 20.5 g

エネルギー» 189 kcal

あじ

たんぱく質» 19.7 g

エネルギー» 123 kcal

魚介の缶詰

あさり缶（水煮）

たんぱく質» 20.3 g

エネルギー» 114 kcal

鮭缶（水煮）

たんぱく質» 21.2 g

エネルギー» 170 kcal

さば缶（水煮）

たんぱく質» 20.9 g

エネルギー» 190 kcal

水産加工品

かに缶

たんぱく質» 16.3 g

エネルギー» 73 kcal

ツナ缶（ノンオイル）

たんぱく質» 16.0 g

エネルギー» 71 kcal

ツナ缶（オイル漬け）

たんぱく質» 17.7 g

エネルギー» 267 kcal

のり

たんぱく質» 41.4 g

エネルギー» 188 kcal

いかの塩辛

たんぱく質» 15.2 g

エネルギー» 117 kcal

フルーツ

グレープフルーツ

たんぱく質» 0.9 g

エネルギー» 38 kcal

オレンジ

たんぱく質» 1.0 g

エネルギー» 39 kcal

アボカド

たんぱく質» 2.5 g

エネルギー» 187 kcal

みかん

たんぱく質≫ 0.7 g

エネルギー≫ 45 kcal

バナナ

たんぱく質≫ 1.1 g

エネルギー≫ 86 kcal

りんご

たんぱく質≫ 0.2 g

エネルギー≫ 61 kcal

ブルーベリー

たんぱく質≫ 0.5 g

エネルギー≫ 49 kcal

さくらんぼ

たんぱく質≫ 1.0 g

エネルギー≫ 60 kcal

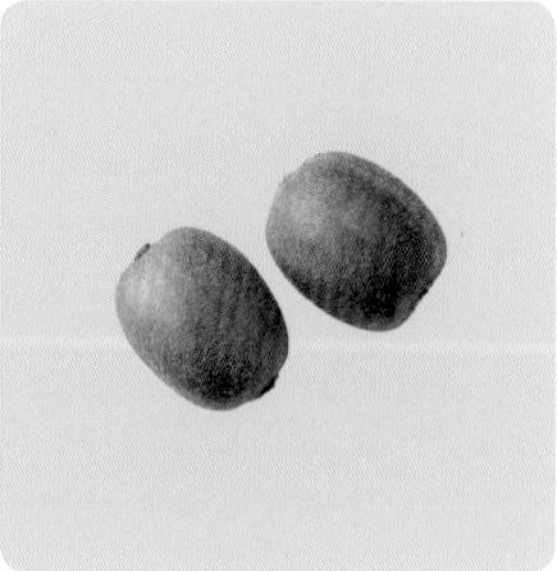

キウイ

たんぱく質≫ 1.0 g

エネルギー≫ 53 kcal

すいか（カットフルーツ）

たんぱく質≫ 0.6 g

エネルギー≫ 37 kcal

パイナップル
（カットフルーツ）

たんぱく質≫ 0.6 g

エネルギー≫ 53 kcal

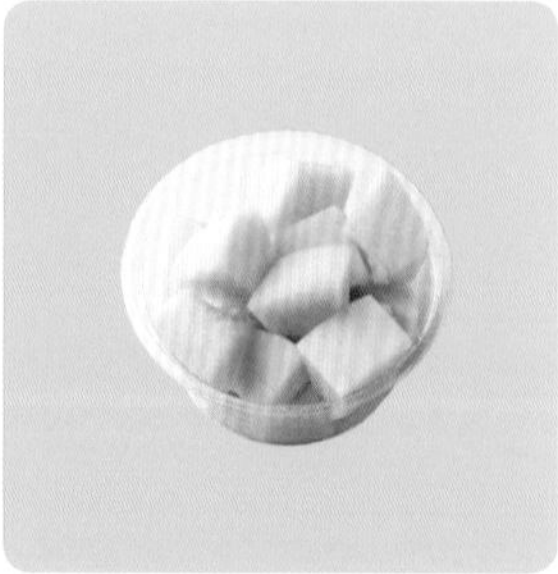

メロン（カットフルーツ）

たんぱく質≫ 1.1 g

エネルギー≫ 42 kcal

ドライフルーツ・ナッツ

ドライマンゴー

たんぱく質» 3.1 g

エネルギー» 321 kcal

ドライプルーン

たんぱく質» 2.5 g

エネルギー» 235 kcal

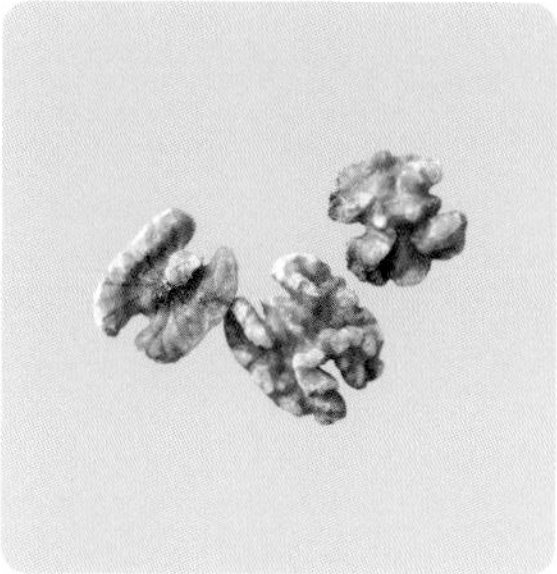

クルミ

たんぱく質» 14.6 g

エネルギー» 674 kcal

レーズン

たんぱく質» 2.7 g

エネルギー» 300 kcal

ドライあんず

たんぱく質» 9.2 g

エネルギー» 288 kcal

ピーナッツ（殻つき）

たんぱく質» 25.0 g

エネルギー» 588 kcal

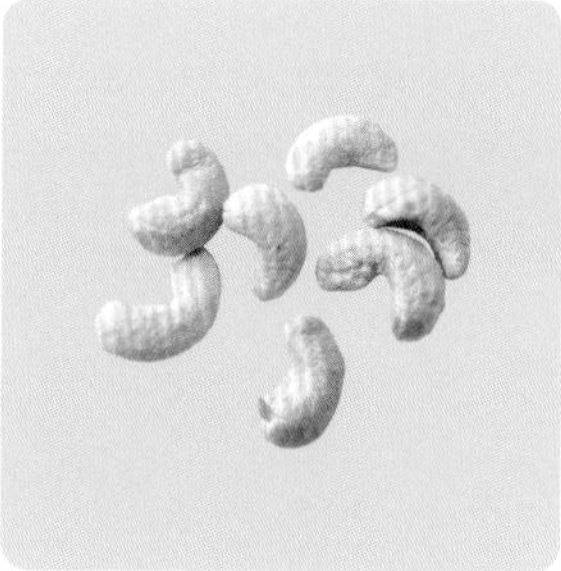

カシューナッツ（有塩）

たんぱく質» 19.8 g

エネルギー» 576 kcal

アーモンド（無塩）

たんぱく質» 20.3 g

エネルギー» 608 kcal

ミア式ダイエットを成功させるための特選レシピ

冷奴のトッピングバリエ

キムチ＋ツナ＋みそ

白菜キムチ10ｇを刻み、ツナ缶（ノンオイル）20ｇ、みそ小さじ1/3を混ぜる。

万能ねぎ＋ごま油＋塩

万能ねぎ１本を1㎝幅に切り、ごま油小さじ1/3、塩少々を混ぜる。

梅＋おかか＋わさび

梅干し1/2個を包丁で粗くたたき、削り節一つまみ、おろしわさび小さじ1/3を混ぜる。

ゆずこしょう＋粗塩＋レモン

ゆずこしょう小さじ1/4、粗塩少々をのせ、レモン汁小さじ１をかける。レモンの薄切りを飾る。

アボカド豆腐サラダ

材料（1人分）

木綿豆腐……大1/2丁（200g）
アボカド……1/2個
しらす干し……20g
A オリーブオイル……小さじ1
　塩、こしょう……各少々

1 豆腐は粗くくずし、アボカドは1.5cm角に切る。
2 1としらすを混ぜて器に盛り、Aをかける。

簡単白あえ風

材料（1人分）

木綿豆腐……大1/2丁（200g）
枝豆（冷凍。解凍してさやから出したもの）……25g
A しょうゆ……小さじ1/2
　塩……少々

1 豆腐とAをボウルに入れて泡立て器などで混ぜる。
2 豆腐がなめらかになったら、枝豆を加えてあえる。

豆腐とまぐろのポキ丼風

材料（1人分）

木綿豆腐……大1/2丁（200g）
まぐろ赤身（ぶつ切り）……50g
A しょうゆ……小さじ1
　ごま油……さじ1/2
白炒りごま、刻みのり……各少々

1 器に豆腐をくずして入れる。
2 まぐろにAをからめ、1の上にのせ、ごまをふってのりを添える。

あったか豆腐の ねぎごま油がけ

材料（1人分）

絹ごし豆腐……大1/2丁（200g）
白髪ねぎ……3cm分
ごま油……小さじ1
しょうゆ……小さじ1/2
花椒粉《ホアジャオフェン》（あれば）……少々

1 豆腐は大きくちぎって耐熱性の器に盛り、ラップをしてレンジ（600W）で約1分30秒加熱する。白髪ねぎをのせる。
2 フライパンにごま油を入れてアツアツに熱し、1にジュッとかけ、しょうゆを回しかけ、花椒粉をふる。

温奴の ちりめん山椒がけ

材料（1人分）

木綿豆腐……大1/2丁（200g）
ちりめん山椒またはちりめん山椒の佃煮……大さじ2
オリーブオイル……小さじ1/2

1 豆腐は半分に切って耐熱性の器に盛り、ラップをしてレンジ（600W）で約1分30秒加熱する。
2 ちりめん山椒をのせてオリーブオイルをかける。

豆腐の桜えび蒸し

材料（1人分）

絹ごし豆腐……大1/2丁（200g）
桜えび（乾燥）……一つまみ
塩、青のり……各少々

1 豆腐は泡立て器などで混ぜてなめらかにし、塩と桜えびを加えて混ぜる。耐熱性の器に盛り、ふんわりとラップをしてレンジ（600W）で約1分30秒加熱する。
2 余分な水気をきり、青のりをふる。

豆腐と
ベビー帆立煮

材料（1人分）

絹ごし豆腐……大1/2丁（200g）
ベビー帆立……4個
A 水……3/4カップ
　鶏ガラスープの素……小さじ1
　塩……少々
ごま油……少々
万能ねぎの小口切り……少々

1 豆腐は7～8mm厚さに切ってから半分に切る。
2 Aを鍋に入れて煮立て、1とベビー帆立てを入れ、再び煮立ったら弱火にして2～3分煮る。
3 器に盛り、ごま油をふり、万能ねぎを散らす。

豆腐と油揚げの
めんつゆ煮

材料（1人分）

木綿豆腐……大1/2丁（200g）
松山あげ（p.89参照）……5g
A 水……3/4カップ
　めんつゆ（3倍濃縮タイプ）
　……大さじ1 1/2
のり……1/4枚

1 豆腐は1cm厚さに切ってから食べやすい大きさに切る。
2 Aを鍋に入れて煮立て、1と松山あげを入れ、再び煮立ったら弱火にして2分煮る。
3 器に盛り、のりをちぎってのせる。

豆腐のカレー焼き

材料（1人分）

木綿豆腐……大1/2丁（200g）
サラダ油……小さじ1
A 水……大さじ1
　カレー粉……小さじ1/2
　しょうゆ……小さじ1

1 豆腐は厚みを半分に切り、ペーパータオルにはさんで水気をおさえる。
2 フライパンにサラダ油をひいて1を入れ、中火で2分焼き、上下を返してさらに1～2分焼く。
3 Aを混ぜ合わせて加え、全体にからめる。

豆腐のアンチョビーソテー

材料（1人分）

木綿豆腐……大1/2丁（200g）
アンチョビー……2枚
にんにく……小1片
オリーブオイル……小さじ1
塩、粗びき黒こしょう……各少々
パセリのみじん切り……小さじ1

1 アンチョビーとにんにくは粗みじん切りにする。
2 フライパンにオリーブオイルを熱して1を入れて軽く炒め、豆腐を大きくちぎって加え、焼きつけるようにして火を通す。
3 塩、こしょうで味を調え、パセリをふって混ぜる。

焼き豆腐の納豆ポン酢がけ

材料（1人分）

木綿豆腐……大1/2丁（200g）
サラダ油……小さじ1
A 納豆（ひきわり）……1/2パック
　万能ねぎのみじん切り……小さじ1
　ポン酢じょうゆ……小さじ1

1 豆腐は縦3等分に切り、ペーパータオルで水気をおさえる。
2 フライパンにサラダ油をひいて1を並べ入れ、中火で2分焼き、上下を返してさらに2分ほど焼く。
3 器に盛り、Aを混ぜ合わせてかける。

豆腐の明太マヨ焼き

材料（1人分）

絹ごし豆腐……大1/2丁（200g）
明太子……20g
豆乳マヨネーズ（p.90参照）……大さじ1 1/2
青じそのせん切り……少々

1 明太子は5㎜幅に切り、豆乳マヨネーズと混ぜる。
2 耐熱容器に豆腐をちぎり入れ、1をのせる。
3 オーブントースターで少し焼き色がつくまで5～6分焼き、青じそをのせる。

豆腐のしょうが みそ炒め

材料（１人分）

木綿豆腐……大1/2丁（200ｇ）
ごま油……小さじ１
A おろししょうが……小さじ1/2
　みそ……小さじ１
　みりん……小さじ１

1 豆腐は1.5cm角くらいに切る。Aは混ぜ合わせる。
2 フライパンにごま油を熱して豆腐を入れ、中火で２分ほど炒める。
3 Aを加え、全体になじむまで炒め合わせる。

具なし チャンプルー

材料（１人分）

木綿豆腐……大1/2丁（200ｇ）
ミックスナッツ……５粒
ごま油……小さじ１
しょうゆ……小さじ１
削り節……二つまみ

1 豆腐は大きめにちぎる。ミックスナッツは粗く刻む。
2 フライパンにごま油をひいて豆腐を入れ、中火で２分ほど炒める。
3 しょうゆを回しかけて味をつけ、ミックスナッツと削り節をふってざっと混ぜる。

シンプル炒り豆腐

材料（1人分）

絹ごし豆腐	大1/2丁（200g）
むきえび	30g
サラダ油	小さじ1
A だし汁	大さじ2
塩	一つまみ
粉山椒	少々

1 フライパンにサラダ油を熱してむきえびを軽く炒め、豆腐を加え、木ベラでくずしながら中火で2分ほど炒める。
2 Aを加え、汁気がなくなるまでさらに3分ほど炒める。
3 器に盛り、粉山椒をふる。

豆腐の焼きめし風

材料（1人分）

木綿豆腐	大1/2丁（200g）
納豆（中粒）	1パック
紅しょうが	一つまみ
サラダ油	小さじ1

1 フライパンにサラダ油を入れて豆腐と納豆を入れ、木ベラで豆腐を細かくつぶしながら、豆腐を焦がさないように、中火で5～6分炒める。
2 納豆の粘りがなくなり、豆腐がポロポロになってきたら、紅しょうがを粗く刻んで加え、混ぜる。

ひんやり豆腐そうめん

材料（1人分）

とうふそうめん風（p.90参照）……1パック

しらす干し……20g

みょうがの小口切り……少々

1 とうふそうめん風は水気をきる。

2 器に1を入れ、添付のつゆを冷水1/2カップで薄めてかけ、しらす干しとみょうがをのせる。

豆腐そうめんの韓国風

材料（1人分）

とうふそうめん風（p.90参照）……1パック

白菜キムチ……10g

A 豆乳（無調整）……3/4カップ

　塩……小さじ1/4

白炒りごま……少々

1 とうふそうめん風は水気をきる。キムチは食べやすい大きさに刻む。

2 器に1を入れ、Aを混ぜ合わせてかけ、ごまをふる。

豆腐そうめんとツナのペペロンチーノ

材料（１人分）

とうふそうめん風（p.90参照） 1パック
ツナ缶（ノンオイル） 小1/2缶
にんにく 小１片
赤唐辛子の小口切り 少々
オリーブオイル 小さじ１
塩、粗びき黒こしょう 各少々

1 とうふそうめん風は水気をきる。にんにくは薄切りにする。
2 フライパンにオリーブオイルとにんにくを入れ、じっくりと炒めて香りを出す。
3 赤唐辛子とツナ、とうふそうめん風を加えて強めの中火で１～２分炒め、塩、こしょうで味を調える。

油揚げのくるくる巻き

材料（１人分）

油揚げ……１枚

A 粒マスタード……小さじ１
　豆乳マヨネーズ（p.90参照）……大さじ１

青じそ……２枚

サラダ油……小さじ1/2

1 油揚げはペーパータオルではさんで油気をおさえ、まな板の上に縦におく。

2 Aを混ぜ合わせて油揚げにぬり、青じそを並べ、手前からくるくると巻く。楊枝４本で留めて、間を包丁で切り離して４等分にする。

3 フライパンにサラダ油を熱して２を入れ、弱めの中火で片面１～２分ずつ焼く。

16時まで

油揚げとアボカドのおかかポン酢

材料（１人分）

油揚げ……１枚

アボカド……1/2個

削り節……二つまみ

ポン酢じょうゆ……小さじ１

1 油揚げはペーパータオルではさんで油気をおさえ、オーブントースターまたはグリルで少し焼き色がつくまで焼く。粗熱がとれたら、食べやすい大きさにちぎる。

2 アボカドは1cm角に切る。

3 １と２をボウルに入れ、削り節とポン酢じょうゆを加えてあえる。

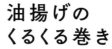

油揚げの
納豆はさみ焼き

材料（１人分）

油揚げ（栃尾油揚げ）……1/2枚
納豆（ひきわり）……1/2パック
長ねぎのみじん切り……小さじ１
しょうゆ……小さじ1/2

1 油揚げはペーパータオルではさんで油気をおさえ、厚みに切り込みを入れて具をはさめるようにする。
2 納豆に長ねぎとしょうゆを加えて混ぜ合わせ、１の油揚げにはさむ。
3 オーブントースターまたはグリルで少し焼き色がつくまで焼き、食べやすい大きさに切り分ける。

クイック袋煮

材料（１人分）

油揚げ……１枚
蒸しミックスビーンズ
（p.91参照）……50ｇ
A 水……3/4カップ
めんつゆ（３倍濃縮タイプ）
……大さじ１ 1/2

1 油揚げはペーパータオルではさんで油気をおさえ、まな板の上に縦におく。菜箸を転がして開きやすいようにし、半分に切って袋状に開く。
2 ミックスビーンズを１の油揚げに入れ、油揚げの口を楊枝で留める。
3 小鍋にAを入れて煮立て、２を入れて落としぶたをし、弱火で４～５分煮る。

厚揚げの鮭フレーク煮

材料（1人分）

厚揚げ……1/2枚
鮭フレーク……15g
A 水……3/4カップ
めんつゆ（3倍濃縮タイプ）……大さじ1

1 厚揚げはペーパータオルではさんで油気をおさえ、一口大に切る。
2 鍋にAと鮭フレークを入れて火にかけ、煮立ったら1を加える。再び煮立ったら弱火にして2～3分煮る。

厚揚げのオイスターソース炒め

材料（1人分）

厚揚げ……1/2枚
ごま油……小さじ1
A オイスターソース……小さじ1
しょうゆ……少々

1 厚揚げはペーパータオルではさんで油気をおさえ、一口大にちぎる。
2 フライパンにごま油を熱して1を入れ、中火で2分ほど炒め、Aを加えてからめる。

厚揚げの塩辛ソース

材料（1人分）

厚揚げ……1/2枚
長ねぎ……2cm
いかの塩辛……30g
サラダ油……小さじ1/2
しょうゆ……少々

1 厚揚げはペーパータオルではさんで油気をおさえ、4等分に切る。長ねぎは斜め薄切りにする。
2 フライパンにサラダ油を熱して厚揚げを並べ入れ、中火で片面1分ずつ焼き、器に盛る。
3 2のフライパンに長ねぎを入れて軽く炒め、いかの塩辛を加え、いかが縮んできたらしょうゆを入れて味を調える。2にかける。

厚揚げの南蛮漬け風

材料（1人分）

厚揚げ……1/2枚
A 玉ねぎ……10g
赤唐辛子……1/2本
ポン酢じょうゆ……大さじ1
水……大さじ2

1 玉ねぎは薄切りにし、赤唐辛子はちぎって種を除く。大きめのボウルにAをすべて入れて混ぜる。
2 厚揚げはペーパータオルではさんで油気をおさえ、オーブントースターまたはグリルで少し焼き色がつくまで焼き、食べやすい大きさに切る。
3 2を1のボウルに入れて混ぜ、10分ほどおいて味をなじませる。

がんもどきの豆乳マヨみそ焼き

材料（1人分）

がんもどき……2個
A 豆乳マヨネーズ（p.90参照）……大さじ1
　みそ……小さじ1

1 がんもどきはペーパータオルではさんで油気をおさえる。
2 Aを混ぜ合わせて1にぬり、オーブントースターまたはグリルで焼き色がつくまで焼く。

がんもどきのじゃこ甘辛煮

材料（1人分）

がんもどき……2個
じゃこ……20g
A だし汁……1カップ
　はちみつ……小さじ1
　しょうゆ……小さじ1
七味唐辛子（好みで）……少々

1 がんもどきはペーパータオルではさんで油気をおさえ、半分に切る。
2 鍋に1とA、じゃこを入れて火にかけ、煮立ったら弱火にして3～4分煮る。
3 器に盛り、七味唐辛子をふる。

高野豆腐のすりごま煮

材料（1～2人分）

高野豆腐……2個
A 水……1カップ
めんつゆ（3倍濃縮タイプ）……大さじ2
白すりごま（半ずり）……大さじ3

1 高野豆腐はたっぷりの水に10分ほどつけて戻し、4等分に切る。
2 鍋にAを入れて火にかけ、煮立ったら1を入れ、落としぶたをして弱火で3～4分煮る。

細切り高野豆腐の中華炒め

材料（1人分）

高野豆腐……1個
長ねぎ……3cm
ごま油……小さじ1
A オイスターソース……小さじ1
しょうゆ、こしょう……各少々

1 高野豆腐はたっぷりの水に10分ほどつけて戻し、細切りにする。長ねぎは縦せん切りにする。
2 フライパンにごま油を熱して長ねぎをさっと炒め、高野豆腐を加えて弱めの中火で炒め合わせる。
3 Aを混ぜ合わせ、なるべくまんべんなく回しかけ、味をなじませる。

あさり入り おから煮

材料（1〜2人分）

- おから……120 g
- あさり缶（水煮）……1缶（180 g）
- サラダ油……小さじ1
- 松山あげ（p.89参照）……10 g
- A だし汁……1/2カップ
  - しょうゆ……大さじ1/2
  - 塩……小さじ1/4
- 万能ねぎの小口切り（あれば）……適量

1 鍋にサラダ油を熱しておからを入れ、弱めの中火で２〜３分炒め、あさりを缶汁ごと加える。
2 松山あげを刻んで加え、Aを入れ、ときどき混ぜながら２〜３分煮る。
3 器に盛り、万能ねぎをふる。

韓国風 おからスープ

材料（1人分）

- おから……60 g
- 白菜キムチ……20 g
- ごま油……小さじ1/2
- A だし汁（できれば煮干しだし）……1カップ
  - しょうゆ、塩……各少々

1 キムチはざく切りにする。
2 鍋にごま油を熱してキムチを入れ、中火で軽く炒め、おからを加えてさらに２分ほど炒める。
3 Aを加え、２分ほど煮る。

おからのかにチャーハン

材料（１人分）

おから	80ｇ
かに缶	30ｇ
長ねぎの粗みじん切り	大さじ１
ごま油	小さじ１
しょうゆ	少々
塩、こしょう	各少々

１フライパンにごま油を熱し、長ねぎを炒め、香りが立ったら、おからを加えて２分ほど炒め合わせる。

２かに缶の汁気をきって加えて混ぜ、しょうゆ、塩、こしょうで調味する。

納豆、油揚げ、しらすあえ

材料（１人分）

納豆（中粒または大粒）……1パック
油揚げ……1/2枚
しらす干し……20g
塩、こしょう……各少々

1 油揚げはオーブントースターまたはグリルで少し焼き色がつくまで焼き、粗みじん切りにする。
2 納豆に1、しらす干し、塩、こしょうを加えて混ぜ合わせる。

いか納豆

材料（１人分）

納豆（小粒または中粒）……1パック
いかそうめん（刺し身用細切りいか）……30g
ザーサイの粗みじん切り……小さじ2
A ラー油……少々
　しょうゆ……少々
のり……1/2枚

1 納豆にいかそうめん、ザーサイ、Aを加えて混ぜ合わせる。
2 のりを4等分に切って添え、1をのせて巻いて食べる。

納豆と豆腐のわさびじょうゆ

材料（1人分）

納豆（中粒または大粒）……1パック
絹ごし豆腐……1/2丁
A 練りわさび……小さじ1/3
　しょうゆ……小さじ1

1 豆腐をボウルに入れてくずし、納豆を加えてもったりとまとまるくらいまで混ぜる。
2 器に盛り、Aを混ぜてかける。

16時まで

ひきわり納豆のワカモーレ

材料（1人分）

納豆（ひきわり）……1パック
アボカド……1/2個
A レモン汁……大さじ1/2
　タバスコ、塩……各少々

1 アボカドはボウルに入れてフォークなどでつぶす。
2 納豆を加えて混ぜ合わせ、Aを加えてさらに混ぜる。

大豆テンペのオリーブオイル焼き

材料（1人分）

大豆テンペ（白。p.90参照）……1箱（100ｇ）
にんにく……小1片
オリーブオイル……小さじ1
ドライバジル……小さじ1/3
塩、粗びき黒こしょう……各少々

1 大豆テンペは3等分に切り、にんにくはみじん切りにする。
2 フライパンにオリーブオイルとにんにくを入れて弱火で炒め、香りが立ったら、大豆テンペを並べ入れ、片面2分ずつ焼く。
3 器に盛り、ドライバジル、塩、こしょうをふる。

大豆テンペの照り焼き

材料（1人分）

大豆テンペ（白。p.90参照）……1箱（100ｇ）
サラダ油……小さじ1
A しょうゆ……小さじ1
　みりん……小さじ1
黒炒りごま……少々

1 大豆テンペは6等分に切る。
2 フライパンにサラダ油を熱して1を並べ入れ、少し色づくくらいまで、弱火で片面2分ずつ焼く。
3 Aを混ぜて回しかけ、全体に汁気がなくなるまでからめる。仕上げにごまをふる。

大豆テンペのスパイシー炒め

材料（1人分）

大豆テンペ（白。p.90参照）……1箱（100g）
サラダ油……小さじ1
A クミンシード……小さじ1/3
　豆板醤……小さじ1/3
　花椒粉《ホアジャオフェン》または粉山椒、塩……各少々

1 大豆テンペは手でほぐす。
2 フライパンにサラダ油を熱して1を入れ、弱火で2分ほど炒める。
3 Aを加え、手早く炒め合わせる。

大豆テンペのクルミはちみつ

材料（1人分）

大豆テンペ（あれば黒。p.90参照）……1/2箱（50g）
クルミ……2粒
はちみつ……小さじ1
塩……少々

1 大豆テンペは薄切りにする。
2 1を器に盛り、クルミを粗みじん切りにして散らし、はちみつをかけて塩をふる。

簡単トウジャン風

材料（1人分）

豆乳（無調整）……3/4カップ
桜えび……一つまみ
ザーサイのみじん切り……小さじ2
A 黒酢……小さじ1
　長ねぎのみじん切り……小さじ1
　ごま油……小さじ1/3
　塩……少々

1 器に桜えび、ザーサイ、Aを入れておく。
2 鍋に豆乳を入れて沸騰直前まで温め、1の器に注いで軽く混ぜる。
3 かたまってくるまで、そのまま5分ほどおく。

がんもどきとえびのタイカレー風

材料（1人分）

豆乳（無調整）……1カップ
がんもどき（小）……2個
むきえび……30g
A カレー粉……小さじ1/2
　ナンプラー……小さじ1
香菜（あれば）……適量

1 がんもどきは半分に切る。
2 鍋に豆乳を入れて火にかけ、煮立ったら1とえびを加え、Aを入れて弱火で2分ほど煮る。
3 器に盛り、香菜をざく切りにしてのせる。

16時
まで

マンゴー
豆乳ヨーグルト

材料（1人分）

豆乳ヨーグルト（p.90参照）……1/2カップ
ドライマンゴー……10 g
ミント（あれば）……少々

1 ボウルや保存容器に豆乳ヨーグルトを入れ、ドライマンゴーをちぎって加える。冷蔵庫で2～3時間やわらかくなるまで戻す。
2 全体に混ぜて器に盛り、ミントを飾る。

あずき
豆乳ヨーグルト

材料（1人分）

豆乳ヨーグルト（p.90参照）……1/2カップ
あずき水煮（レトルトパウチ）……20 g
きな粉……小さじ1
シナモンパウダー……少々
はちみつ……小さじ1

1 豆乳ヨーグルトを器に盛り、あずきをのせる。
2 きな粉とシナモンパウダーをふり、はちみつをかける。

炒り大豆のしょうゆ漬け

材料（2～3人分）

炒り大豆（p.90参照）……1袋（100ｇ）

A だし汁……1カップ
　しょうゆ……大さじ1
　塩……少々

1 ボウルや保存容器にAを入れて混ぜておく。

2 フライパンに炒り大豆を入れ、少し焼き色がつくまで弱めの中火で炒る。

3 2が熱いうちに1に加えて混ぜ、味をなじませる。冷蔵庫で2～3日保存可。

大豆のピクルス

材料（1人分）

蒸し大豆（ドライパック）……1袋（100ｇ）

A 水……1/3カップ
　酢……大さじ1
　はちみつ……小さじ1/2
　カレー粉……小さじ1/2
　塩……小さじ1/4

1 耐熱容器にAを入れて混ぜ、蒸し大豆を加える。

2 ラップをしてレンジ（600W）で約2分加熱し、味をなじませる。冷蔵庫で2～3日保存可。

大豆のチヂミ風

材料（1人分）

蒸し大豆（ドライパック）
……1袋（100g）

A 長ねぎのみじん切り……大さじ1/2
水……大さじ1/2
おろしにんにく……小さじ1/3
塩、こしょう……各少々

ごま油……小さじ1

B しょうゆ、水……各小さじ1/2
一味唐辛子……少々

1 蒸し大豆はポリ袋またはボウルに入れて手でつぶし、Aを加えて混ぜる。
2 フライパンにごま油を熱し、1を2等分にして丸く平たくつぶして並べ入れ、弱めの中火で1～2分焼く。形をくずさないように注意して上下を返し、さらに1～2分焼く。
3 器に盛り、Bを混ぜて添える。

つぶし大豆の磯辺焼き

材料（1人分）

蒸し大豆（ドライパック）
……1袋（100g）

サラダ油……小さじ1

A しょうゆ……小さじ1
はちみつ……小さじ1

のり……1/2枚

1 蒸し大豆はポリ袋またはボウルに入れて手でつぶし、4等分にして丸く平たくまとめる。
2 フライパンにサラダ油を熱して1を並べ入れ、弱火で片面2分ずつ焼く。Aを回しかけて味をからめる。
3 器に盛り、のりを4等分に切ってそれぞれに巻く。

フムス

材料（1人分）

ひよこ豆（ドライパック）……1袋（100g）

A 白練りごま……大さじ1
　水、レモン汁……各大さじ1/2
　塩、こしょう……各少々

油揚げ……1/2〜1枚

オリーブオイル……小さじ1/2

1 ボウルにひよこ豆とAを入れ、ハンディミキサーまたはフードプロセッサーでなめらかになるまで撹拌する。すり鉢ですりつぶしてもよい。

2 油揚げはオーブントースターまたはグリルで焼き色がつくまで焼き、棒状に切る。

3 器に1を盛ってオリーブオイルをかけ、2を添える。

ミックスビーンズのマリネ

材料（1人分）

蒸しミックスビーンズ（ドライパック）…… 1袋（50g）
A 赤玉ねぎのみじん切り …… 大さじ1
粒マスタード …… 小さじ1/2
酢、オリーブオイル …… 各小さじ1
塩、こしょう …… 各少々

1 Aをボウルに入れて混ぜる。
2 ミックスビーンズを1に加えて混ぜ、少しおいて味をなじませる。

グリーンピースのコンソメ煮

材料（1人分）

グリーンピース（冷凍）…… 100g
玉ねぎ …… 1/10個
オリーブオイル …… 小さじ1/2
A 水 …… 3/4カップ
顆粒スープの素 …… 小さじ1/2
塩、こしょう …… 各少々

1 玉ねぎは粗みじん切りにする。
2 フライパンにオリーブオイルを熱して玉ねぎを炒め、透き通ってきたらグリーンピースを凍ったまま加え、Aも入れる。
3 ときどき混ぜながら、弱めの中火で2～3分煮る。

豆腐の豆乳鍋

材料（１人分）

- 絹ごし豆腐……大1/2丁（200ｇ）
- Ａ 豆乳（無調整）……１ 1/2カップ
- 　 塩……小さじ1/4
- 塩、ゆずこしょう（好みで）……各適量

１豆腐は３等分に切る。

２鍋にＡと１を入れて火にかけ、グラグラさせないよう弱火で静かに煮る。

３ゆずこしょう、塩を添える。小鉢に２を取り、塩、好みでゆずこしょうをのせて食べる。

油揚げと鮭缶の鍋

材料（１人分）

油揚げ	１～２枚
鮭缶（水煮）	１缶（180～190ｇ）
A だし汁	１カップ
しょうゆ	大さじ1/2
塩	少々
七味唐辛子	少々

1 油揚げはペーパータオルではさんで油気をおさえ、食べやすい大きさに切る。

2 鍋に鮭を缶汁ごと入れ、Aを加えて火にかけ、煮立ったら１を加えて弱火で２～３分煮る。七味唐辛子をふる。

豆腐とあさりのチゲ

材料（１人分）

木綿豆腐……大1/2丁（200ｇ）
あさり（殻つき。砂抜き済）……100ｇ
白菜キムチ……30ｇ
A 水……１カップ
　鶏ガラスープの素……小さじ1/2
　おろしにんにく……小さじ1/3
　しょうゆ……少々

1 鍋にAを入れて煮立て、あさりとキムチを入れ、豆腐をちぎって入れる。
2 アクが出たらすくい、あさりの口が開くまで弱火で２～３分煮る。

厚揚げのトムヤムクン風

材料（１人分）

厚揚げ……1/2枚
むきえび……30ｇ
A 水……１カップ
　豆板醤……小さじ1/2
　ナンプラー……小さじ１
　レモン汁……小さじ１
香菜……適量

1 厚揚げはペーパータオルではさんで油気をおさえ、小さめの一口大に切る。
2 鍋にAを入れて煮立て、１とむきえびを入れる。アクが出たらすくい、２分ほど煮る。
3 器に注ぎ入れ、香菜をざく切りにして散らす。

納豆汁

材料（1人分）

納豆（ひきわり）	1パック
油揚げ	1/2枚
だし汁	1カップ
みそ	小さじ2
七味唐辛子（好みで）	少々

1 油揚げはペーパータオルではさんで油気をおさえ、5㎜角くらいに刻む。
2 鍋にだし汁を入れて煮立て、納豆と1を入れて1分ほど煮、みそを溶き入れる。
3 器に注ぎ入れ、好みで七味唐辛子をふる。

シンプルけんちん汁

材料（1人分）

木綿豆腐	大1/2丁（200ｇ）
A だし汁	1カップ
しょうゆ	小さじ1
塩	少々
のり	1/6枚
みょうがの小口切り	1本分

1 鍋にAを入れて煮立て、豆腐をちぎって加え、弱火で1～2分煮る。
2 器に注ぎ入れ、のりをちぎって散らし、みょうがを添える。

豆腐と梅干しのさっぱり汁

材料（1人分）

絹ごし豆腐	大1/2丁（200ｇ）
梅干し	1個
A だし汁	1カップ
しょうゆ	小さじ1/2
青じそのせん切り	2枚分

1 鍋にAを入れて煮立て、豆腐を5㎜厚さに切って加え、弱火で1～2分煮る。
2 器に注ぎ入れ、梅干しと青じそをのせる。梅干しをつぶしながら食べる。

刺し身のたれバリエ

EPAやDHAを多く含む青背魚やまぐろ、カロリーの低い白身魚やいか、貝類、抗酸化作用があるサーモンなど、刺し身は何を食べてもOK。おろしわさび、おろししょうが、青じそ、花穂じそなどの薬味も、少量なら問題なし。

レモン＋粒マスタード＋ナンプラー

レモン汁小さじ1、粒マスタード小さじ1/3、ナンプラー小さじ1/2を混ぜる。

しょうゆ＋豆板醤＋おろしにんにく

しょうゆ小さじ1、豆板醤小さじ1/3、おろしにんにく小さじ1/4を混ぜる。

すだち＋塩＋粉山椒

すだち1/4個を搾り、塩、粉山椒各少々を混ぜる。

おろししょうが＋オリーブオイル＋塩

おろししょうが小さじ1、オリーブオイル小さじ1、塩少々を混ぜる。

みそ＋長ねぎ＋練り辛子

みそ（好みのもの）小さじ1、長ねぎのみじん切り小さじ1、練り辛子小さじ1/3を混ぜる。

白ごま＋ゆかり

白炒りごま大さじ1/2を半ずり、またはひねりごま（指でひねって香りを出す）にし、ゆかり小さじ1/3を混ぜる。

16時まで

鯛とオレンジのカルパッチョ

材料（１人分）

鯛の刺し身……60 g
オレンジ……1/2個
ミント……５～６枚
A 酢……小さじ１
オリーブオイル……小さじ１
塩、こしょう……各少々

１刺し身はそぎ切りにする。オレンジは皮をむき、半月の薄切りにする。
２器に刺し身とオレンジを交互に盛り、ミントを散らし、Ａを混ぜ合わせてかける。

漬け丼風

材料（１人分）

白身魚の刺し身（鯛、ひらめなど）……60 g
A 白すりごま……大さじ１
しょうゆ……小さじ１
はちみつ……小さじ1/2
木綿豆腐……大1/2丁（200 g）

１刺し身はそぎ切りにする。
２ボウルにＡを入れて混ぜ合わせ、刺し身を加えてからめ、５分ほどおく。
３豆腐をちぎって器に入れ、１をのせる。

たらのチキン南蛮風

材料（1人分）

生たら……1切れ
オリーブオイル……小さじ1
ポン酢じょうゆ……小さじ1
A 豆乳マヨネーズ（p.90参照）……大さじ1
　赤玉ねぎまたは玉ねぎのみじん切り……小さじ1

1 フライパンにオリーブオイルを熱し、たらを3等分に切って並べ入れ、弱めの中火で2～3分焼き、上下を返してさらに3分ほど焼く。
2 火が通ったら取り出してポン酢じょうゆをからめる。
3 器に盛り、Aを混ぜ合わせてかける。

あじと納豆のなめろう

材料（1人分）

あじの刺し身……60g
納豆（ひきわり）……1パック
おろししょうが……小さじ1
みそ……小さじ1
万能ねぎ小口切り（あれば）……少々

1 あじは粗みじん切りにし、納豆、おろししょうが、みそを加えて混ぜる。
2 器に盛り、万能ねぎの小口切りをふる。

さんまのクミン豆板醤焼き

材料（1人分）

さんま……1尾
オリーブオイル……小さじ1
A クミンシード……小さじ1/3
豆板醤……小さじ1/3
塩、こしょう……各少々

1 さんまはキッチンバサミで4等分に切る。
2 フライパンにオリーブオイルを熱してさんまを並べ入れ、中火で2分ほど焼いて上下を返し、さらに2分焼く。
3 Aを加え、さんまに味をからめながら弱火で2分ほど焼く。

サーモンとアボカドの辛子酢みそ

材料（1人分）

- サーモンの刺し身 …… 80g
- アボカド …… 1/2個
- A みそ …… 小さじ1
- 酢 …… 小さじ1
- 練り辛子 …… 小さじ1/3

1 サーモンはそぎ切りにする。アボカドは2㎝角くらいに切る。

2 ボウルにAを混ぜ合わせ、1を加えてあえる。

鮭のホイル焼き

材料（1人分）

- 生鮭 …… 1切れ
- オリーブオイル …… 小さじ1
- 塩、粗びき黒こしょう …… 各少々
- 赤玉ねぎまたは玉ねぎ …… 1/8個

1 鮭はオリーブオイルをからめ、塩、こしょうをふる。赤玉ねぎは5㎜幅に切る。

2 アルミホイルの上に鮭をおいて赤玉ねぎをのせる。ホイルを包んで口を閉じ、オーブントースターで鮭に火が通るまで8分ほど蒸し焼きにする。

3 ホイルを開き、さらに好みでこしょうをふる。

たこと大豆のミックスナッツ炒め

材料（１人分）

ゆでだこ（足）……60ｇ
ミックスナッツ……５粒
蒸し大豆（ドライパック）……50ｇ
オリーブオイル……小さじ１
しょうゆ……小さじ1/2
粗びき黒こしょう……少々

1 たこは食べやすい大きさに切る。ミックスナッツは粗みじん切りにする。
2 フライパンにオリーブオイルを熱し、たこと蒸し大豆を入れて強めの中火で30秒ほど炒める。
3 しょうゆ、こしょう、ミックスナッツを加え、手早くからめる。

ガーリックシュリンプ

材料（１人分）

えび（無頭・殻つき）……中５尾
にんにく……1/2片
オリーブオイル……小さじ１
A 水……大さじ１
　塩、粗びき黒こしょう……各少々
パセリのみじん切り……小さじ１

１ えびは節の間に竹串を刺して背わたをとる。にんにくはみじん切りにする。
２ フライパンにオリーブオイルとにんにくを入れて弱火にかけ、香りが立ったらえびを加え、強めの中火で１分ほど炒める。
３ A をふって汁気がなくなるまで30秒ほど炒め、パセリを加えてからめる。

帆立のマヨみそのり巻き

材料（１人分）

帆立貝柱の刺し身……４個
A 豆乳マヨネーズ（p.90参照）……大さじ１
　みそ……小さじ１
のり……1/2枚

１ 帆立は２〜３等分の厚さに切る。
２ ボウルに A を入れて混ぜ合わせ、１を加えてあえる。
３ 器に盛り、のりを４等分に切って添え、のりで巻いて食べる。

さば缶のバジルあえ

材料（1人分）

さば缶（水煮）……1缶（120ｇ）
バジル……3～4枚
A オリーブオイル……小さじ1/2
　おろしにんにく……小さじ1/4
　塩、粗びき黒こしょう……各少々

1 さばは軽く缶汁をきり、ボウルに入れてフォークなどで粗くほぐす。
2 1にAを入れ、バジルをちぎって加え、全体にあえる。

ツナディップとたたみいわし

材料（1人分）

ツナ缶（ノンオイル）……小1缶
豆乳ヨーグルト（p.90参照）……大さじ2
A 豆板醤……小さじ1/3
　塩、こしょう……各少々
パセリのみじん切り（あれば）……少々
たたみいわし……適量

1 ツナは缶汁をきり、ボウルに入れてほぐし、豆乳ヨーグルトとAを加えて混ぜ、器に盛ってパセリをふる。
2 たたみいわしを適当な大きさに切って直火でさっとあぶり、1に添える。1のツナディップをのせて食べる。

鮭缶の厚揚げオープンサンド

材料（１人分）

鮭缶（水煮）……1/2缶（90ｇ）
厚揚げ……1/2枚
A 豆乳マヨネーズ（p.90参照）……大さじ１
　粒マスタード……小さじ１
　塩、こしょう……各少々
レモンの輪切り……１枚

1 厚揚げはペーパータオルではさんで油気をおさえる。厚みを半分に切り、対角線に切って三角にする。
2 鮭は缶汁をきり、ボウルに入れてフォークでつぶし、１にのせる。
3 A を混ぜ合わせてかけ、レモンをいちょう切りにして飾る。

お弁当の基本と工夫

1

おかず2品が基本

ミア式ダイエットでは、一食に食べる料理は2品まで。大豆製品の料理1品とシーフードの料理1品なら飽きずに毎日続けられます。ここでは、「厚揚げの南蛮漬け風」（p.111参照）と「さんまのクミン豆板醤焼き」（p.134参照）をチョイス。味つけや調理法が違う料理を組み合わせると満足感が得られます。飲み物は、水または炭酸水かハーブティーを。

2

朝に時間がないときはおかず+豆腐

何かと忙しい朝はおかずを作る時間がない……そんなときのために、作っておいても味が変わらない、冷めてもおいしい料理を1品だけ前日に用意。もう1品は出勤前やランチどきに、スーパーやコンビニで豆腐を購入。これで立派な2品献立になります。ここでは「大豆テンペの照り焼き」（p.118参照）を保存容器に詰めました。

4

食べ過ぎた翌日は みそ汁や スープだけでも

昨日はちょっと食べ過ぎた、今夜は避けらない接待がある……というときは、具だくさんのみそ汁やスープもおすすめです。具を豆腐、油揚げ、厚揚げ、高野豆腐などの大豆製品にすれば、良質の植物性たんぱく質がしっかり摂れます。１人用のスープジャーに入れて持っていくと、外出先でも温かい汁ものが楽しめます。

3

見た目の満足感も 大事。 フルーツもOK

ダイエット中はOK食材が限られます。そんな中でポイントになってくるのが、見た目のおいしさ感。たとえば、ご飯代わりになる「豆腐の焼きめし風」（p.105参照）や、楊枝で留めた「油揚げのくるくる巻き」（p.108参照）などの工夫があると、目からも満足感が得られます。また、16時まではフルーツOKなので、お弁当箱の空きスペースにフルーツを詰めるのもおすすめです。

おわりに

ミア式ダイエット、結果は10キロと150gやせちゃいました！　やせないと本が出せないというプレッシャーもあったけれど、自分としても頑張ったかなあと思います。

何よりうれしかったのは、以前、野菜だけのダイエットをしたときとは違い、植物性たんぱく質中心の食事は意外に腹もちがよく、体調もよい。胃の調子もよいので快調に過ごせました。また、おいしい豆腐屋さんを訪ねてみたり、いろいろな納豆を食べ比べてみたり、自分好みのナッツやドライフルーツを試してみたり……と、それなりに研究材料にして、楽しみながらできたこと。唯一の許され

編集後記

フードエディター&ライターをはじめてウン十年、あれよあれよという間に体重は20代の頃の倍に！　今までも初江さんと一緒にバレエストレッチ、鍼治療、断食道場……などなど通ってみたけれど、意志が弱すぎて途中で挫折。なのに、この「ミア式ダイエット」では辛い思いや痛い思いをほとんどすることなく10キロ減！　さらに血液検査の結果もすべて標準値になっていてびっくり！（松原）

ている果物も、ちょっとお高めでも質のよいものや、普段チャレンジできないものを買ってみたり。それでも牛肉を買うより安いから財布の心配もなし。

あれほどできなかった〝夜の炭水化物を控える〟という習慣も自然に身につきました。外食では楽しく飲んで食べて（本当はＮＧなんですが）、その分、朝食と昼食は大豆製品だけにしたり……とメリハリをつけて、1日の中でバランスをとるようになりました。

そして、一番の励みは、週1回の測定で「ハツエさぁ～ん！　やせてますぅーー!!」というミア先生のお言葉。そんなに変動がないときでも、次につながる元気になるメッセージをいただき、仕事をしていて通うのは大変だったけれど、休むことなく楽しく通えました。

あんなに何年もできなかったダイエットに成功することができて、自分に自信がついたし、やればできるじゃん！　と少しだけ誇らしい気持ちになりました。

これからもこの習慣を忘れないように、自分に甘くなってきたらこの本を開きたいと思います。

皆さんにも同じようにこの本をそんな風にお手元に置いていただけるとうれしいです。

重信初江

編集後記

出版社で編集者として働く現在41歳。職業柄か？　夜遅くに飲んで食べての食生活を若い頃から続けていたら、35歳を過ぎたあたりから、しっかりぽっちゃりおばさん体型に！「ミア式ダイエットはやせない人がいない！」という噂を聞いていたのですが、本当でした。初江さんと一緒にチャレンジして、気づいたら体重マックス時よりマイナス9・5kg!!　体年齢は23歳にまでなってしまったのです！　内容を説明するときつく思われるのですが、大豆製品などを積極的に食べていると空腹知らずで、苦しまずにやせられました。これだけ急激に体重を落としてもやつれた感じはなく、むしろ元気に、肌も髪も若返っていく感じに！　心からみなさまにおすすめいたします（森）

やせない人《ひと》がいないと
話題《わだい》のミア式《しき》
料理研究家《りょうりけんきゅうか》が
ダイエット教室《きょうしつ》に
通《かよ》ってみたら、
こんなに
やせた！
レシピ付《つ》き

料　理　重信初江
監　修　菅野観愛
発行者　橋田真琴
発行所　朝日新聞出版
〒104-8011 東京都中央区築地5-3-2
電話（03）5541-8996（編集）
（03）5540-7793（販売）
印刷所　図書印刷株式会社

ISBN 978-4-02-333304-8

定価はカバーに表示してあります。落丁・乱丁の場合は弊社業務部（電話03-5540-7800）へご連絡ください。送料弊社負担にてお取り替えいたします。

重信初江（しげのぶ はつえ）

服部栄養専門学校調理師科卒業後、織田調理師専門学校で助手として勤務。その後、料理研究家のアシスタントを経て独立。昔から受け継がれてきた定番おかずから、海外を旅して覚えた料理まで、なんでもこなす実力派。雑誌、テレビなどでも活躍中。著者に『Tsukemono cookbook　漬けものレシピ』『Sushi cookbook　すしレシピ』（ともに朝日新聞出版）、『おうちで深夜食堂』（共著／小学館）など多数。

菅野観愛（かんの みあ）

1970年生まれ。肥満予防健康管理士、アンチエイジングアドバイザー、ダイエットアドバイザー、ヘア＆メイクアップアドバイザー。代々木公園の近くにある美容院「aina-HAIR」（https://www.aina-hair.com/）の経営に携わりながら渋谷区代々木でダイエット教室【Slim Club～スリムクラブ～】（https://slimclub-mia.com/）を主宰。太っていることやダイエットの方法に悩む多くの人々のメンタル面をサポートしながら成功へと導いている。プライベートクラスやSkypeレッスンもあり。1児の母。

Staff

料理	重信初江
デザイン	吉村 亮　大橋千恵（Yoshi-des.）
マンガ（p.8～22）	小波田えま
撮影	竹内章雄（p.3、p.88～141）
イラスト	ながさわとも
編集	松原京子
企画・編集	森 香織（朝日新聞出版）